U0677282

企业不可不知的
法律常识

柏念念——编著

民主与建设出版社
·北京·

图书在版编目（CIP）数据

企业不可不知的法律常识 / 柏念念编著 . — 北京：民主与建设出版社，2021.3（2022.6 重印）
ISBN 978-7-5139-3380-3

Ⅰ . ①企… Ⅱ . ①柏… Ⅲ . ①企业法—基本知识—中国 Ⅳ . ① D922.291.914

中国版本图书馆 CIP 数据核字 (2021) 第 029024 号

企业不可不知的法律常识
QIYE BUKE BUZHI DE FALü CHANGSHI

编　　著　柏念念
责任编辑　胡　萍
装帧设计　诗玉设计
出版发行　民主与建设出版社有限责任公司
电　　话　（010）59417747　59419778
社　　址　北京市海淀区西三环中路 10 号望海楼 E 座 7 层
邮　　编　100142
印　　刷　北京昊鼎佳印印刷科技有限公司
版　　次　2021 年 3 月第 1 版
印　　次　2022 年 6 月第 2 次印刷
开　　本　710mm × 1000mm　1/16
印　　张　17.5
字　　数　150 千字
书　　号　ISBN 978-7-5139-3380-3
定　　价　48.00 元

前言 PREFACE

感谢北京大成律师事务所乔杰、李平老师的谆谆教导，助我挥洒律师行业色彩；感谢北京大成律师事务所及全体同仁，为执业律师提供全方位的优秀平台。

笔者及律师团队担任多家公司常年法律顾问，在实践中运用《中华人民共和国公司法》(下文简称《公司法》)、《中华人民共和国合同法》(下文简称《合同法》)、《中华人民共和国劳动法》(下文简称《劳动法》) 等法律法规，从顾问单位的实际情况出发，在公司成立、股东权利义务关系、法定代表人责任、股权分配、章程设计、公司治理、人力资源管理、合同管理等方面给出通俗易懂、合理化的建议。笔者基于日常体会特意编写了本书，希望能给广大创业者带来帮助。

我国正处于社会转型期，随着社会经济的不断发展，国家支持全民创新创业，尤其是新《公司法》修订以来，降低了公司成立的门槛。大量经验不足、实力欠缺的企业法律风险防控意识十分淡薄，甚至不了解最基础的公司法律常识，盲目追求企业注册资本虚高的情况时有发生。绝大多数企业由于没有建立公司合同管理体制，因此内部管理混乱，致使外部经营风险加剧。

本书具有以下特色：

第一，全面快捷。本书基本涵盖了从初识公司到公司全程法律风险的防控，通过实务操作与案例分析向大家介绍了公司常见的法律风险，并给出合理化的建议。书中介绍了公司从投资创业初期、创业中期到稳定期，再到瓶颈期可能遇到的法律风险，帮助管理者做好相应的准备，从而保持公司长远发展，真正做强做大。

第二，重在应用。根据发生概率高的纠纷，通过以案说法的方式向大家讲解典型案例和判决结果、判案理由；提供实务中常用法律文书格式范本，使读者对合同文书、章程设计有更深刻的理解。

第三，通俗易懂。在写作上，本书站在读者的立场，以通俗易懂的语言进行介绍，并设计了“实务指南”板块，利用法律知识点与实践处理经验进行讲解，更易于读者理解。

受社会发展及市场经济因素等影响，我国法律、法规更新较快。随着时间的推移，如存在政策上的偏差，希望读者朋友多关注国家法律、法规的动态。每一名成功的创业者都是时刻保持学习和洞察力的有心者。此书如有疏漏之处，还望各位读者批评指正。

柏念念

2020 年 11 月

目录 CONTENTS

我是知法创业者：

初识公司与《公司法》

“法定代表人”是什么人

法定代表人是指依法代表法人行使民事权利，履行民事义务的主要负责人，对外代表法人全权处理一切民事活动，对内处于法人核心管理的地位。法定代表人代表法人所行使的一切民事活动，法律后果都由企业法人承担。法定代表人在公司内部执行股东会和董事会的决议，负责公司日常经营和管理；对外代表公司签署合同，参加诉讼、仲裁等公司的一切行为权利。因此，在理论上，公司的法定代表人应当是对内享有事务执行权，对外享有公司代表权的负责人。

一、谁可以当公司的法定代表人

实践中，经常会有这样的咨询：“我们要成立一家公司，计划外聘一名总经理并担任公司的法定代表人，如何对其权力进行约束？”还会有人问：“我准备和几个朋友共同成立一家公司，但还没确定让谁担任法定代表人，担任法定代表人有什么资格要求吗？需要承担什么责任呢？”可见很多创业者对公司法定代表人需要承担的法律责任和任职要求都不是很清楚，更不知如何限制法定代表人的权力。

《公司法》第十三条规定：“公司法定代表人依照公司章程的规定，由董事长、执行董事或者经理担任，并依法登记。公司法定代表人变更，应当办理变更登记。”法定代表人只能是一个人，在公司成立时，股东们可以自行决定是由董事长、执行董事还是总经理担任法定代表人，并在公司章程中作出明确规定。法定代表人可以是股东，也可以不是股东。因此，担任董事长、执行董事或者经理职务，是成为公司法定代表人的前提条件。

在成为董事长、执行董事或者经理后，确定了公司的法定代表人选，需要在工商部门进行登记，以确定法定代表人的资格。当公司法定代表人发生变更时，也应当到工商部门办理变更登记手续，向社会公示公司代表权的状态。工商登记的法定代表人对外具有公示效力，涉及公司以外的第三人因公司代表权产生的争议，以工商登记为准。如公司内部股东之间因法定代表人的任免发生争议，应以有效的股东会任免决议为准，并在公司内部产生效力。

二、谁不可以当公司的法定代表人

不是满足上述条件就可以当法定代表人了，我国《公司法》第一百四十六条规定了不得担任公司的董事、监事、高级管理人员的五种情形，作为法定代表人的董事长、执行董事或者经理如果存在该等情形则不能担任。《企业法人法定代表人登记管理规定》（以下简称“本规定”）第四条明确了不得担任法定代表人的几种情形：

（1）无民事行为能力或者限制民事行为能力的，如未成年人或患有精神疾病的人。

（2）正在被执行刑罚或者正在被执行刑事强制措施的，如正在监狱服刑或被监视居住的人。

（3）正在被公安机关或者国家安全机关通缉的。

（4）因犯有贪污贿赂罪、侵犯财产罪或者破坏社会主义市场经济秩序罪，被判处刑罚，执行期满未逾五年的；因犯有其他罪，被判处刑罚，执行期满未逾三年的；或者因犯罪被判处剥夺政治权利，执行期满未逾五年的。

（5）担任因经营不善破产清算的企业的法定代表人或者董事、经理，并对该企业的破产负有个人责任，自该企业破产清算完结之日起未逾三年的。

（6）担任因违法被吊销营业执照的企业的法定代表人，并对该企业违法行为负有个人责任，自该企业被吊销营业执照之日起未逾三年的。

（7）个人负债数额较大，到期未清偿的。

（8）有法律和国务院规定不得担任法定代表人的其他情形的。

企业法人的法定代表人一旦出现不得担任法定代表人的情形，在法定限制期内不能在已任职的企业中继续担任法定代表人，也不得担任其他企业法人的法定代表人。判断创业者是否具有法定代表人的任职资格，虽然有其是否年满 18 周岁，精神智力是否正常的限制，但对国籍是没有要求的。

实务指南

法定代表人与法人是一回事吗?

需要大家注意的是“法人”不是人，因为法人是依法成立的组织，是法律赋予它的一种拟制人格。法人可以分为企业法人（如公司法人，国有独资企业、中外合资企业法人等）和非企业法人。非企业法人又可以分为机关法人（如行政机关、军事机关、司法机关等）、社会团体法人（如基金会、行业协会、俱乐部等）、事业单位法人（如学校、医院等）三类。且并非只有公司才有法人，法人不像自然人一样具备意思表示能力和行为能力，它需要借助自然人才能运转，最主要的是它要通过法定代表人来经营。

由此可见，称呼公司的董事长或总经理为法人是错误的，法定代表人与法人更不能混为一谈。

法定代表人变更如何处理?

因股权变动、经营需要等原因，公司可能会变更法定代表人。那么更换法定代表人需要注意什么呢？变更法定代表人无须征得原法定代表人的同意，通过召开股东大会，经代表一半表决权的股东同意形成决议，就可以申请办理变更手续了，但公司章程另有约定的从其约定。

企业法人申请办理企业法定代表人变更登记，应当向原企业登记机关提交下列文件：

（1）对企业原法定代表人的免职文件。

（2）新任企业法定代表人的任职文件。

（3）由企业原法定代表人签署的变更登记申请书。

有限责任公司或者股份有限公司的法定代表人在任职期间出现本规定第四条所列情形之一，不能或者不签署变更登记申请书的，由拟任公司法定代表人根据股东大会或者董事会关于变更公司法定代表人的决议签署变更登记申请书。

法定代表人如因死亡而更换，其身份不能继承，公司应当按照规定的程序选举新的法定代表人。法定代表人变更后，创业者要及时将变更情况通知公司业务合作伙伴。

如何防止法定代表人越权?

公司可以通过章程或者股东会决议等形式明确规定法定代表人的权限范围，并规定法定代表人存在越权行为应当承担的各项法律责任，以防止法定代表人实施越权行为。建立公司在内部管理方面，可以考虑采取分权治理模式，例如将采购权、财务控制权分别交由办公室主任和财务总监来负责。办公室主任及财务总监等重要部门的负责人直接向股东会或董事会汇报工作。对外经营方面，为了避免法定代表人从事越权经营活动给公司带来不必要的损失，应建立完善的合同管理制度，如签订标的金额在500万元以上的合同，需经股东会或董事会审议通过。根据企业实际情况，建立合同签订审批制衡机制，合理规避纠纷。

十全公司是一家生产化妆品的公司，而十美公司在全国有很好的化妆品销售渠道，经过多番洽谈后两家公司决定一起合作，共同投资注册十全十美化妆品公司，在全国范围销售化妆品。双方约定并进行了工商登记，十全公司持有十全十美公司 51% 的股权，十美公司持有十全十美公司 49% 的股权，并由十全公司的总经理高美丽来担任十全十美公司的法定代表人。

十全十美公司经营一年后，销售量远低于预期。十美公司认为，十全十美公司销售量之所以远低于预期，是因为十全公司管理不当，决策上优柔寡断，没有利用好十美公司在全国的销售渠道。但是，十美公司只持有 49% 的股权，无法参与十全十美公司的经营决策。

于是十美公司想出了一个办法，让高美丽到自己的公司任职。十美公司认为，法定代表人可以代表公司直接对外签订合同，如果法定代表人是自己人，那自己就掌握了十全十美公司的部分控制权。就这样，高美丽跳槽到了十美公司。

十全公司知道高美丽去了十美公司，觉得遭受到了背叛，决定立即向工商部门申请变更十全十美公司的法定代表人。但被工商部门的工作人员告知：该公司法定代表人的变更必须经过全体股东 2/3 以上表决权通过才可以，十全公司这才发现虽然自己持有十全十美公司 51% 的股权，但并不能变更公司法定代表人。

因为双方互相猜忌不信任，导致十全十美公司的业绩一落千丈。最终，双方不欢而散，各奔东西。

在十全十美公司的案件中，我们要搞明白，是不是真的只有经过全体股东 2/3 以上表决权通过，才能变更公司法定代表人呢？

关键是要看公司章程是怎么约定的。我国《公司法》并没有明确规定变更法定代表人需要经过全体股东 2/3 以上表决权通过。所以在这个问题上，公司章程条款的设计就非常重要了。

公司章程中关于法定代表人的条款可以参考以下两种写法：

（1）公司的法定代表人由 ××× 担任。

因为公司章程直接对法定代表人是谁作了具体规定，因此工商部门认为变更法定代表人就要修改公司章程条款，既然是修改章程，自然要经全体股东 2/3 以上表决权通过才行。十全十美公司的章程就是这种写法，所以在申请变更时遭到了拒绝。

（2）公司的法定代表人由董事长、执行董事或总经理担任。

因为法定代表人的变更不涉及要修改公司章程，而《公司法》也未明确规定变更公司法定代表人必须经全体股东 2/3 以上表决权通过才行，所以这种情况下只要经过半数表决权通过就可以。需要注意的是，除了法定代表人，公司章程中对董事长、执行董事、总经理的人选也不要直接规定为具体的人，应规定为由股东会或董事会选举产生，实践中这种条款的设计最广泛。

为了避免相关纠纷的产生，可以在章程中规定变更公司法定代表人须经全体股东 1/2 或 2/3 以上表决权通过。为了保障股东的权利，应当重视章程的设计，以下举例，股东可根据自身情况进行选择。

如果你是大股东，持股比例过半数但不满 67%，可以在公司章程中选择上述第二种写法规定法定代表人的人选，以保障自己随时可以对法定代表人进行更换，而不需要小股东同意。

如果你是小股东，持股比例 34% 以上但不满 50%，可以在公司章程中选择上述第一种方法直接规定法定代表人的具体人选，以获得对法定代表人变更事项的一票否决权。

法定代表人可能承担的法律风险

法定代表人根据法律、法规和公司章程的规定，以公司名义所从事的行为，视为公司的行为，由公司承担相关法律责任。一般情况下，法定代表人个人不会因其代表公司、履行职务的行为而承担法律责任。但在某些特殊情况下，法定代表人本人可能直接承担相应的民事甚至刑事责任。出现这种情况的原因通常是因法定代表人违反了对公司的忠实、勤勉义务，违反了法律、法规和公司章程的规定导致的。

一、法定代表人的民事责任风险

（1）《中华人民共和国民法典》（以下简称《民法典》）第六十一条规定："依照法律或者法人章程的规定，代表法人从事民事活动的负责人，为法人的法定代表人。法定代表人以法人名义从事的民事活动，其法律后果由法人承受。法人章程或者法人权力机构对法定代表人代表权的限制，不得对抗善意相对人。"《民法典》第六十二条规定："法定代表人因执行职务造成他人损害的，由法人承担民事责任。法人承担民事责任后，依照法律或者法人章程的规定，可以向有过错的法定代表人追偿。"公司的法定代表人以公司名义从事的经营活动，属于履行职务的行为，由此而产生的相关民事责任，由公司承担，法定代表人个人并不会因其职务行为而须对外承担民事责任。但是，如果法定代表人从事了越权行为，而对方有足够的理由相信该法定代表人的行为是代表公司的，从而构成表见代理，公司也应就法定代表人的行为向第三人承担责任。

（2）《公司法》第一百四十九条规定："董事、监事、高级管理人员执行公司职务时违反法律、行政法规或者公司章程的规定，给公司造成损失的，应当承担赔偿责任。"如果公司的损失是由于法定代表人违反法律、行政法规或公司章程的规定而造成的，即使法定代表人是在执行公司的职务，在公司对外承担相关责任后，公司也有权就其损失要求法定代表人予以赔偿，也就是向法定代表人追偿。

（3）法定代表人可能对董事、监事、高级管理人员损害公司利益的行为，对公司承担责任。

《公司法》第一百四十七条规定："董事、监事、高级管理人员应当遵守法律、行政法规和公司章程，对公司负有忠实义务和勤勉义务。董事、监事、高级管理人员不得利用职权收受贿赂或者其他非法收入，不得侵占公司的财产。"如法定代表人存在上述行为，给公司造成损失的，应对公司进行赔偿。而且，如果董事、监事、高级管理人员存在违法或侵权行为，损害公司利益，除实施上述行为的相关人员需承担责任外，公司的法定代表人如果参与了相关交易的决策或签署了相关文件，很可能被认定与相关侵权人构成共同侵权，也须对公司承担赔偿责任，除非法定代表人在相关董事会决议表决时已明确提出异议并记载于会议记录，或者法定代表人对相关人员的侵权行为并不知情且无过失。所以，建议公司在召开大大小小会议的时候做好会议记录。

二、法定代表人的刑事责任风险

一般而言，公司从事的犯罪行为，应由公司承担刑事责任，法定代表人并不因此而承担刑事责任。但在我国《中华人民共和国刑法》（下文简称《刑法》）规定的某些罪名中，除了对单位进行处罚外，还可能追究"直接负责的主管人员和其他直接责任人"的刑事责任。例如，侵犯著作权罪、生产销售伪劣产品罪、非法经营罪、偷税罪等。

虽然我国法律未规定谁属于"直接负责的主管人员"，但实践中通常将法定代表人作为单位"直接负责的主管人员"，公司出现需要负责人承担刑事责任时，首先追究的是法定代表人的责任。所以，很多当事人向律师咨询，某个朋友或亲戚的公司想让我当公司法定代表人，行不行？我给的建议是，如果这个公司你不任职、不投资、不参与经营，尽量不要当法定代表人，因为公司出现违法、违规问题后，先追究工商登记上公示的法定代表人的责任，如有真正投资人——就是真正的股东和经营者，也要追究实际控制人的责任，目前隐名股东和显名股东之间的纠纷也层出不穷。

三、法定代表人的其他法律风险

我国相关法律规定，当公司被申请强制执行、进入破产程序、欠缴税款时，司法、行政机关有权对公司法定代表人采取相应的强制措施。

（1）公司有未了结的民事诉讼或不履行法律文书确定的义务，司法机关可对法定代表人采取罚款、拘留、限制出境等强制措施。

《中华人民共和国民事诉讼法》（下文简称《民事诉讼法》）第二百四十一条规定："被执行人未按执行通知履行法律文书确定的义务，应当报告当前以及收到执行通知之日前一年的财产情况。被执行人拒绝报告或者虚假报告的，人民法院可以根据情节轻重对被执行人或者其法定代理人、有关单位的主要负责人或者直接责任人员予以罚款、拘留。"

《最高人民法院关于限制被执行人高消费的若干规定》第三条规定："被执行人为自然人的，被采取限制消费措施后，不得有以下高消费及非生活和工作必需的消费行为：

（一）乘坐交通工具时，选择飞机、列车软卧、轮船二等以上舱位；

（二）在星级以上宾馆、酒店、夜总会、高尔夫球场等场所进行高消费；

（三）购买不动产或者新建、扩建、高档装修房屋；

（四）租赁高档写字楼、宾馆、公寓等场所办公；

（五）购买非经营必需车辆；

（六）旅游、度假；

（七）子女就读高收费私立学校；

（八）支付高额保费购买保险理财产品；

（九）乘坐 G 字头动车组列车全部座位、其他动车组列车一等以上座位等其他非生活和工作必需的消费行为。

被执行人为单位的，被采取限制消费措施后，被执行人及其法定代表人、主要负责人、影响债务履行的直接责任人员、实际控制人不得实施前款规定的行为。因私消费以个人财产实施前款规定行为的，可以向执行法院提出申请。执行法院审查属实的，应予准许。”

2020 年 1 月 2 日，最高法发布〔2019〕35 号最高人民法院《关于在执行工作中进一步强化善意文明执行理念的意见》，第十七条规定了解除限制消费措施的几类情形：“人民法院在对被执行人采取限制消费措施后，被执行人及其有关人员申请解除或暂时解除的，按照下列情形分别处理：

（1）单位被执行人被限制消费后，其法定代表人、主要负责人、影响债务履行的直接责任人员、实际控制人以因私消费为由提出以个人财产从事消费行为，经审查属实的，应予准许。

（2）单位被执行人被限制消费后，其法定代表人、主要负责人确因经营管理需要发生变更，原法定代表人、主要负责人申请解除对其本人的限制消费措施的，应举证证明其并非单位的实际控制人、影响债务履行的直接责任人员。人民法院经审查属实的，应予准许，并对变更后的法定代表人、主要负责人依法采取限制消费措施。

（3）被限制消费的个人因本人或近亲属重大疾病就医，近亲属丧葬，以及本人执行或配合执行公务，参加外事活动或重要考试等紧急情况亟需赴外地，向人民法院申请暂时解除乘坐飞机、高铁限制措施，经严格审查并经本院院长批准，可以给予其最长不超过一个月的暂时解除期间。

上述人员在向人民法院提出申请时，应当提交充分有效的证据并按要求作出书面承诺；提供虚假证据或者违反承诺从事消费行为的，人民法院应当及时恢复对其采取的限制消费措施，同时依照《民事诉讼法》第一百一十一条从重处理，并对其再次申请不予批准。”

《最高人民法院关于民事执行中财产调查若干问题的规定》第九条规定：“被执行人拒绝报告、虚假报告或者无正当理由逾期报告财产情况的，人民法院可以根据情节轻重对被执行人或者其法定代理人予以罚款、拘留；构成犯罪的，依法追究刑事责任。人民法院对有前款规定行为之一的单位，可以对其主要负责人或者直接责任人员予以罚款、拘留；构成犯罪的，依法追究刑事责任。”

《最高人民法院关于适用〈中华人民共和国民事诉讼法〉执行程序若干问题的解释》第三十七条规定：“被执行人为单位的，可以对其法定代表人、主要负责人或者影响债务履行的直接责任人员限制出境。”

此外，根据《中华人民共和国出境入境管理法》第十二条第三款规定：“有未了结的民事案件，人民法院决定不准出境。”实践中，如公司有未了结的民事案件，法院亦可对法定代表人采取限制出境的强制措施。

（2）企业进入破产程序，法定代表人未经许可不得离开住所地。

当企业进入破产程序，法定代表人未经人民法院许可，不得离开住所地。此外，在破产程序中，法定代表人还应承担如妥善保管其占有和管理的财产、印章和账簿、文书等资料；根据人民法院、破产管理人的要求进行工作，如实回答询问；列席债权人会议如实回答债权人的询问；不得新任其他企业的董事、监事、高级管理人员等。

（3）如公司欠缴税款，税务机关可以对法定代表人限制出境。

《中华人民共和国税收征收管理法》第四十四条规定：“欠缴税款的纳税人或者他的法定代表人需要出境的，应当在出境前向税务机关结清应纳税款、滞纳金或者提供担保。未结清税款、滞纳金，又不提供担保的，税务机关可以通知出境管理机关阻止其出境。”

因此，如果公司未结清税款、滞纳金，又不提供担保的，法定代表人可能会被限制出境。

实务指南

法定代表人如何防范和规避法律风险?

（1）在股东协议、合伙协议、公司章程中增加相关免责条款，防范风险。

公司可考虑在股东协议、公司章程等约定性文件中增加如下约定，用来减少法定代表人的法律风险：公司的董事、董事长、法定代表人不需对在董事会和公司章程规定的其职责范围内的任何行为或不当行为承担个人法律责任，除非其行为被法院认定构成徇私舞弊、严重玩忽职守、肆意渎职或故意损害公司利益。

根据上述约定，如发生因与公司经营有关的针对董事、董事长、法定代表人个人的索赔或责任，仍应由公司承担全部责任。如果董事、董事长、法定代表人因上述索赔而造成损失，公司应对其损失予以赔偿，并补偿其诉讼费、律师费等合理开支。

（2）通过召开股东会或董事会，对于违反法律、行政法规或者公司章程的行为，应提出明确异议并记载于会议记录中。

公司的重大经营活动应由股东会或董事会开会表决，对于集体决策的事宜，除非违反法律、法规或公司章程的规定，即视为公司的决策，法定代表人无须承担责任。所以，在公司的董事长、执行董事或经理担任法定代表人职务时，对于公司的日常经营活动，最好根据公司章程的规定进行，由股东会或董事会进行决策；同时，对于违反法律、行政法规或公司章程的事项，也应明确提出异议，并记载于相应的会议记录中，以避免风险。

在公司治理中，给法定代表人的法律风险防范设立机制需要结合公司具体情况仔细思考。而且，任何风险防范制度的设计，都不能使故意违反法律、法规，恶意损害公司利益的法定代表人逃脱法律的制裁。近年来，关于公司章程、股东之间的协议，引起越来越多的创业者开始重视规避未来可能存在的风险，避免纠纷，共同维护公司和各股东的合法利益。

隐名股东权利的行使

一、什么是隐名股东

《最高人民法院关于适用〈中华人民共和国公司法〉若干问题的规定(三)》(下文简称《公司法解释(三)》)第二十四条至第二十八条为处理隐名股东与名义股东(显名股东)纠纷做了规定。该解释中用“实际投资人”这一概念,即我们通常理解的隐名股东。实践中,股东资格的确认以谁是真正出资者为判断标准。《公司法解释(三)》第二十三条规定:“当事人依法履行出资义务或者依法继受取得股权后,公司未根据《公司法》第三十一条、第三十二条的规定签发出资证明书、记载于股东名册并办理公司登记,当事人请求公司履行上述义务的,人民法院应予支持。”《公司法解释(三)》第二十四条规定:“有限责任公司的隐名股东与名义出资人订立合同,约定由隐名股东出资并享有投资权益,以名义出资人为名义股东,隐名股东与名义股东对该合同效力发生争议的,如无《合同法》第五十二条规定的情形,人民法院应当认定该合同有效。”

二、隐名股东如何行使股东权利

依照《公司法》第四条的规定:“公司股东依法享有资产收益、参与重大决策和选择管理者等权利。”作为公司的实际投资人,隐名股东若发现名义股东存在危害公司利益的行为,损害到自身的权益时,可要求公司确认其股东身份,进而实际行使股东权利。根据《公司法解释（三）》第二十四条第三款的规定，实际出资人在得到其他公司股东半数以上同意时，可通过变更登记的方式取得实质股东地位。另外，隐名股东也可将公司及名义股东列为被告，向法院提起确认之诉。

隐名股东作为股东，有些是公司和其他股东明知其是隐名股东，有些是公司和其他股东不知道隐名股东的存在。这两类情况在具体操作上存在不同。

（1）公司和其他股东明知隐名股东是实际股东。在该情形下，公司可以直接分红给隐名股东或者按照名义股东指示直接分红给隐名股东，也可以通知隐名股东参加股东大会，行使股东权利。如果有这一类证据，就可以证明隐名股东是实际投资人。

（2）公司和其他股东不知道隐名股东是实际股东。公司如果不知道隐名股东是实际股东，则分红应分给名义股东。如果隐名股东想要成为显名股东，使公司认可其股东地位，则要有证据证明名义股东将分红转付给隐名股东，隐名股东要有证据证明名义股东按照隐名股东的指示行使表决权。

以案说法

以钱多多与王多鱼、异想天开有限公司委托合同纠纷案为例，对隐名股东与显名股东之间权利义务关系进行分析，案情如下：

2019年2月14日，原告钱多多和被告王多鱼签订了委托持股协议书，约定原告钱多多在被告异想天开有限公司出资额为40万元，占公司注册资本的1%。在协议存续期间，原告钱多多自愿委托被告王多鱼代为持有其在异想天开公司的1%股权，且被告王多鱼同意接受委托。2019年2月15日，原告钱多多与被告王多鱼签订了收款协议。2019年2月18日，原告钱多多应被告王多鱼的要求，将出资款40万元转账至被告王多鱼的个人账户中。

后三方出现纠纷，钱多多将王多鱼和异想天开公司诉至法院，请求法院确认其享有股东权益，有权参与公司分红。在本案中，钱多多与王多鱼、异想天开有限公司之间签订《委托持股协议书》，隐名股东钱多多与显名股东王多鱼之间为委托法律关系，即隐名股东委托名义股东代持股的关系。法院依据该协议约定的三方权利义务确认了原告为隐名股东，判决其享有股东权益。

公司是当前企业的主要形式，而股东是公司的投资人、管理者，股东依法享有资产收益、参与重大决策和选择管理者等权利。而股权是股东权利的体现，如果股权不清晰，就会影响股东权利的行使，例如，在隐名股东与显名股东，对内与持股公司、对外与第三人的关系上，有很多值得探究的地方。

企业和企业法人的设立与管理

2019年8月8日，国家市场监督管理总局令第14号第七次修订了《中华人民共和国企业法人登记管理条例实施细则》，该细则规定了登记范围：

“第二条　具备企业法人条件的全民所有制企业、集体所有制企业、联营企业、在中国境内设立的外商投资企业（包括中外合资经营企业、中外合作经营企业、外资企业）和其他企业，应当根据国家法律、法规及本细则有关规定，申请企业法人登记。

第三条　实行企业化经营、国家不再核拨经费的事业单位和从事经营活动的科技性社会团体，具备企业法人条件的，应当申请企业法人登记。

第四条　不具备企业法人条件的下列企业和经营单位，应当申请营业登记：

（一）联营企业。

（二）企业法人所属的分支机构。

（三）外商投资企业设立的分支机构。

（四）其他从事经营活动的单位。

第五条　省、自治区、直辖市人民政府规定应当办理登记的企业和经营单位，按照《条例》和本细则的有关规定申请登记。”

企业泛指一切从事生产、经营或者服务活动，以谋取经济利益为目的的经济组织。按照企业财产组织方式的不同，企业在法律上又可以分为三种类型：第一种是独资企业，即由单个主体出资兴办、经营、管理、收益和风险自担的企业；第二种是合伙企业，即由两个或者两个以上的出资人共同出资兴办、经营、管理、收益和承担风险的企业；第三种是公司企业，即依照《公司法》设立的企业。从概念范围上来讲，公司是企业的一种形式，也属于企业的范畴。反之，企业不一定是公司，而是一个大概念，除了公司外，还包含独资企业和合伙企业，均应当办理登记手续。以下就公司企业的设立做简要介绍。

一、公司登记的前置程序——公司设立

公司设立是指投资者按照一定的条件及程序，选择相应的组织形态、资本制度、管理人员及经营方式等，为使公司取得独立的法人资格而实施的法律行为，公司只有在依法设立时才能成立。当投资者从事公司设立的行为促成公司注册成立时，才会成为公司的股东，投资者的责任也才会转化成有限责任。但是公司设立不能随意而为，《公司法》明确规定了公司设立的法定条件及程序，如果投资者未按照法定的条件及程序设立，则公司无法取得法人资格。

二、公司设立的法定条件

（一）有限责任公司的设立条件

1. 一般有限责任公司的设立条件

有限责任公司在设立时必须要有合法的公司名称、完善的组织机构、50 人以下的股东、合法的公司章程、符合公司章程规定的认缴出资额及住所。公司在设立后只准使用一个名称。因此在公司设立时，创业者应当先向登记主管机关申请核准公司名称，在申请核准公司名称时应多准备几个备选名称，企业名称核准时出现冲突的概率很高。

根据《公司法》第二十五条的规定，有限责任公司的章程应当载明公司的名称和住所、经营范围、注册资本、股东的姓名、出资方式、出资数额、时间、公司的组织机构、公司法定代表人、财会制度及其他事项。因此在公司设立时，创

业者应当先在内部协商拟定出合法、有效的公司章程。

根据《公司法》第三十六条至第五十六条的规定，有限责任公司在设立时应当具有完善的组织机构，包括股东会、三至十三人组成的董事会或一名执行董事、不少于三人的监事会等。因此在公司设立时，创业者应当先在内部协商拟定公司组织机构的人选。

根据《公司法》第二十六条至第二十八条的规定，有限责任公司在设立时应当具有明确的认缴出资额，特殊形态的有限责任公司还应当具有明确的实缴出资额，比如以银行、证券、保险、投资等领域为主的企业。投资者可以用货币出资，也可以用能够用货币估价并可依法转让的非货币财产作价出资，但规定不得作为出资的财产除外。一般情况下，有限责任公司实行的都是认缴制，因此投资者可以在设立时不实际出缴到位，但是如果在公司章程中约定在公司成立前应当完成实缴出资的，应当按照约定完成实缴义务。

2. 一人有限责任公司的特殊规定

一人有限责任公司又简称为"一人公司""独资公司"。根据《公司法》第五十七条至第六十三条的规定，一人有限责任公司在公司章程、公司名称、股东人数、认缴出资额及住所等设立条件方面与一般有限责任公司没有差别。但是在设立主体方面，一人有限责任公司的股东可以是自然人，也可以是法人，但是法人不能是一个自然人设立的一人有限责任公司。在组织机构方面，一人有限责任公司没有股东会，唯一的股东是由设立时的投资者转变而成的。还需注意的是，一人有限责任公司的股东不能证明公司财产独立于股东自己的财产的，应当对公司债务承担连带责任。

3. 国有独资公司的特殊规定

根据《公司法》第六十四条至第七十条的规定，国有独资公司在公司章程、公司名称、组织机构、股东人数、认缴出资额及住所等设立条件方面与一般有限责任公司也没有差别。但是在公司章程方面，却是由国有资产监督管理机构制定，或由董事会制定报国有资产监督管理机构批准。国有独资公司监事会成员不得少于五人，其中职工代表的比例不得低于1/3。在组织机构方面，国有独资公司也没有股东会，由国有资产监督管理机构行使股东会职权。

（二）股份有限公司的设立条件

1. 一般股份有限公司的设立条件

根据《公司法》第七十六条至第九十七条的规定，股份有限公司在设立时必须要有合法的公司名称、完善的组织机构、应当有二人以上二百人以下为发起人，其中须有半数以上的发起人在中国境内有住所、合法的公司章程或采用募集方式经创立大会通过、符合法律规定的股份发行或筹办办法及住所。

在公司名称选择上，股份有限公司与有限责任公司同样适用《企业名称登记管理实施办法》第三条的规定。在公司章程及出资方式方面，除了应当载明公司设立的方式、股份总数、每股金额、注册资本、发起人的姓名或者名称、认购的股份数、出资方式、时间、利润分配办法、解散事由与清算办法、通知及公告办法外，其余的事项与有限责任公司一致。在组织机构方面，股份有限公司有股东大会、五至十九人的董事会、不少于三人的监事会，只是在人数上与有限责任公司有差别。

根据《公司法》第七十七条、第八十条、第八十三条、第八十四条的规定，股份有限公司的设立方式能够采取发起设立或者募集设立两种方式。采取发起设立的公司，注册资本是全体发起人的认缴额，只是在发起人认购的股份缴足前，不得向他人募集股份；但是采取募集方式设立的公司，注册资本为全体发起人的实缴额；通常情况下，募集发起人认购的股份不得少于公司股份总数的35%。

2. 上市公司组织机构的特别规定

根据《公司法》第一百二十二条、第一百二十三条的规定，上市公司在组织机构方面，要设置独立董事及董事会秘书，上市公司的董事会秘书负责公司股东大会和董事会会议的筹备、文件保管以及公司股东资料的管理，办理信息披露事务等事宜。具体事宜可以由公司章程进行规定。

三、公司设立的主体

我国《公司法》未明确规定一般有限责任公司及股份有限公司设立的主体，只是在一人有限责任公司及国有独资公司的特殊规定中有所限制。根据《公司法》第五十七条的规定，一人有限责任公司只能是一个自然人股东或一个法人股东；根据《公司法》第六十四条的规定，国有独资公司的股东只能是国务院或者地方人民政府授权本级人民政府国有资产监督管理机构。但是根据《公司法》第二十四条、第七十八条的规定，无论是设立有限责任公司还是股份有限公司，只要满足规定的人数即可。在《公司法》既未明确规定，也未明确加以限制的情形下，上述民事主体均可以成为公司设立的主体，但不可以是没有独立法人资格的分公司。

四、公司设立的法定程序

（一）创业者签订公司设立协议

我国《公司法》并未对公司设立协议的事宜作出明确规定，但是在实务中，投资者想要设立公司，相互之间必须要在公司名称、组织机构、出资事项及公司章程等方面达成合意，签订详细的《合作协议》。若创业者无法在此事项上达成一致，公司设立就丧失了基本的意见基础，也可能造成公司设立后因意见不统一而出现纠纷。

（二）确定相应的人选并申请设立登记

根据《公司法》第二十九条的规定，创业者在设立有限责任公司时，只要认足公司章程规定的出资后，即可指定相应的代表或共同委托代理人按照《公司登记管理条例》第十四条的规定持相应的文件资料，向登记管理机关申请设立登记。根据《公司法》第八十三条的规定，创业者在设立股份有限公司时，采取发起设立方式设立股份有限公司的，在发起人认足公司章程规定的出资后，应当选举董事会和监事会，由董事会按照上述规定持相应的文件资料，向登记管理机关申请设立登记。

根据《公司法》第八十九条、第九十条的规定，采取募集设立方式设立股份有限公司的，发起人向社会公开募集股份，发行股份的股款缴足后必须经依法设立的验资机构验资并出具证明。发起人应当自股款缴足之日起三十日内主持召开由认股人参加的公司创立大会，对公司设立的情况、公司章程、发起人的出资、董事会及监事会成员及设立费用进行审核表决；在发生不可抗力或者经营条件发生重大变化直接影响公司设立时，创立大会可以作出不设立公司的决议。在创立大会结束后三十日内，由董事会按照《公司法》第九十二条的规定，持相应的文件资料，包括国务院证券监督管理机构的核准文件向登记管理机关申请设立登记。

实务指南

个别公司的设立

有些公司的设立需要依照法律、行政法规或国务院的决定报经批准，或者公司经营范围属于法律、行政法规或者国务院规定在登记前需经过批准的。我们暂且称之为“个别公司”，这类公司的设立条件高于普通公司，除了满足一般公司的设立条件外，在注册资本金数额、企业经营场地、管理人员任职资格、从业人员等方面具有更多要求。

为了使创业者更清楚地了解特殊公司的设立流程，以食品生产企业的设立程序为例做简要介绍：

（1）首先应向工商行政管理部门申请办理名称预先核准。

（2）向环保管理部门申请办理环保审批。

（3）向质量技术监督局申请办理食品生产许可证。

（4）向工商行政管理部门申请办理食品流通许可证。

（5）向工商行政管理部门申请办理工商营业执照。

对于需要办理前置审批或者后置审批手续方可从事经营的企业，如果没有按照法律规定办理许可证，即使取得了营业执照，但由于核定的经营范围不包括特殊行业，一旦被工商部门或者相应的主管部门发现，企业将面临相应的行政处罚，如罚款、没收违法所得甚至吊销营业执照等。

什么是有限责任公司

有限责任公司又称有限公司，是根据《公司法》及有关法律、法规规定的条件设立，股东以其出资额为限对公司承担责任，按股份比例享受收益，公司法人以其全部资产对公司的债务承担责任的经济组织。

有限责任公司具有以下特征：

（1）股东以其出资额为限承担有限责任。

（2）公司以其资产为限承担债务责任。公司资产包括多个方面：一是股东的出资；二是公司设立后经过生产经营活动形成的各种财产、对外债权和其他权利，包括有形资产和无形资产。公司清算时，仅以其全部资产为限对债务承担责任，债权人不能向公司财产之外主张债权。

（3）公司股东人数应符合法定要求。

（4）股权转让应符合法定程序及公司章程的规定。

（5）普通有限责任公司可以独资再设立子公司，子公司具有法人资格；自然人投资的一人有限责任公司不能再作为股东投资设立新的一人有限责任公司，只能与其他自然人与法人合资设立新的公司。

（6）公司不能公开募集股份，不能发行股票。公司生产经营活动中所需资金只能以合法方式融资取得。相对股份有限公司而言，有限责任公司设立条件和程序较为简单、灵活、快捷。

实务指南

注册资本虚高可能为公司带来哪些麻烦?

注册资本实缴登记制变更为认缴登记制后，有很多创业者认为，反正实缴时间不受限制甚至认为可以不用实缴，因此就将注册资本写得很高，显得公司有实力，一些创业者不考虑公司的整体实力与实际需求，把注册资本无限制写大，动辄 1000 万、5000 万，甚至有的公司在进行公司登记时把注册资本设为 1 亿，而这些公司大多属于轻资产运营公司，有的公司实际没什么业务量，日常经营可能一年连 200 万都用不上。创业者在显示了公司“实力”之后，为公司日后的发展埋下了以下隐患。

1. 影响股东责任的承担

《公司法》第三条规定:“有限责任公司的股东以其认缴的出资额为限对公司承担责任；股份有限公司的股东以其认购的股份为限对公司承担责任。”公司的注册资本就是全体股东认缴的出资额。有限公司作为一种经济实体被创设出来，在于其将股东个人的财产与责任与公司隔离开来，股东仅承担有限责任，即股东仅以认缴的出资额为限承担责任。但是，股东无限制设置注册资本，提高自己的认缴出资额，从而增大了股东们可能需要承担的责任。

2. 减资程序复杂

如果公司因发展需要增资，程序非常简单，即召开股东大会，经代表 2/3 以上表决权的股东作出决议即可。但减资就没那么简单了。

《公司法》第一百七十七条规定:“公司需要减少注册资本时，必须编制资产负债表及财产清单。公司应当自作出减少注册资本决议之日起十日内通知债权人，并于三十日内在报纸上公告。债权人自接到通知书之日起三十日内，未接到通知书的自公告之日起四十五日内，有权要求公司清偿债务或者提供相应的担保。”

实践中，公司减资不仅仅是公司内部事务，因为涉及债权人的利益，所以需要履行一系列的公告、通知手续。而且，如果公司确实对外负债，还需要配合债权人提前清偿债务或者提供担保。

以案说法

2019 年 8 月，某市中院受理了某资产管理公司破产清算一案。该公司因拖欠货款而被申请强制执行。在执行过程中，公司无任何可供执行的财产，根据债权人的申请，某市第一法院将该公司为被执行人的执行案件移送到某市中院进行破产审查。某市中院经审查，认为该公司不能清偿到期债务，且经法院强制执行无法清偿债务，应当认定其明显缺乏清偿能力，符合破产受理条件。破产受理后，该公司指定了某律师事务所担任管理人。管理人经调查发现，该公司有五名股东，认缴注册资本金为 1 亿元人民币，现均未实际缴纳。

根据《中华人民共和国企业破产法》第三十五条规定：“人民法院受理破产申请后，债务人的出资人尚未完全履行出资义务的，管理人应当要求该出资人缴纳所认缴的出资，而不受出资期限的限制。”最高人民法院《关于适用〈企业破产法〉若干问题的规定（二）》第二十条第一款规定：“管理人代表债务人提起诉讼，主张出资人向债务人依法缴付未履行的出资或者返还抽逃的出资本息，出资人以认缴出资尚未届至公司章程规定的缴纳期限或者违反出资义务已经超过诉讼时效为由抗辩的，人民法院不予支持。”

本案中，公司破产程序中股东认缴的出资义务加速到期，管理人可以代表公司提起诉讼，主张股东向公司依法缴付未履行的出资，用于清偿债务。

什么是股份有限公司

股份公司属于一种资合公司，是指公司全部资本分为等额股份，股东以其所认购的股份为限对公司承担责任，公司以其全部资产对其债务承担责任的经济组织。

股份有限公司具有以下特征。

（1）股份公司的资本不是由一人独自出资，而是把公司的资本划分为均等的股份，资本是指全体股东出资的总和。每股金额与股份数的乘积即是资本总额，且股东人数没有最高限制。

（2）股份有限公司通过发行股票筹集资本。设立公司必须筹集资本，股份有限公司可以采用定向募集和公开募集的方式来筹集资本。股票可以自由转让，股票转让的价格可高可低。

（3）股份公司能够满足现代化社会大生产对企业组织形式的要求。股份公司通过招股集资的方法能够集中巨额资本，满足大生产对资本的需求。同时股份公司的所有权属于所有股东，设置了股东大会、董事会、监事会等各种管理机构，实行所有权和经营权的分离，股份公司是现代经济中主要的组织形式。

（4）股份公司可以迅速实现资本的集中。股份公司将资本划分为若干股份，由出资人认股，出资人可以根据自己的资金能力认购一股或若干股。这样，较大的投资额化整为零，让更多人有能力投资，加快了投资速度。

实务指南

公司注册注意事项

随着社会经济的发展，在“双创”的浪潮推动下，再加上国务院鼓励和支持事业单位专业技术人员“在职创业”的政策影响。自己注册公司当老板的人越来越多，那么注册公司有什么注意事项呢？

1. 公司名称的选择与商标注册

选好公司名称后，可以先在工商企业信用网上查询检索，查看选好的名称是否已经被注册了。虽然公司名称在注册满一年之后可以申请变更，但由于公司名称的特殊性，会涉及一系列的变更，所以要多准备几个公司的名称，以免注册时发现名字已被注册而耽误时间。

公司注册名称不等于注册相同名称的商标。如果公司想注册商标，商标品牌名称和公司名称可根据公司发展规划来决定是否一致。如果公司名称和商标名称一致，也要检索域名及商标注册情况，查看是否已被注册。如果未被注册，那么公司成立后就可以申请注册商标；如果已经被注册，建议换个名称。

2. 注册地址的选择及报税

公司注册地址的选择直接关系到公司的税收优惠政策、一般纳税人申请的政策等。《公司法》明文规定，公司注册时必须提供合法及有效产权证的地址。选择地址时，最好选择能出具发票的地址。因为公司每月的场地租金也是一笔不小的开销。地址最好是商用办公楼性质的，单纯住宅性质的地址不能用来注册公司。

公司注册成立后，半个月内就要开始记账报税，即使无应税行为，也要进行零申报。不然后期一旦被税务局相关部门抽查到，就可能产生罚款、吊销营业执照等后果，直接影响法人及股东的征信，甚至被列入黑名单。

营业执照的使用细则及变更

营业执照是工商行政管理机关发给工商企业、个体经营者的准许从事某项生产经营活动的凭证，格式由国家工商行政管理局统一规定。登记事项为：名称、地址、负责人、资金数额、经济成分、经营范围、经营方式、从业人数、经营期限等。营业执照分为正本和副本，两者具有同等法律效力。正本应置于公司地址或营业场地的醒目之处，副本通常用于外出办理业务，或者是签订合同、参加诉讼等方面。

2019 年 3 月 1 日起，全国启用新版营业执照。经登记机关准予设立、变更登记以及补发营业执照的各类市场主体，颁发新版营业执照，之前存续的各类市场主体，可以继续使用原版营业执照，也可以申请换发新版营业执照。营业执照有法定代表人以及负责人的区别，两者的性质是不一样的，如果营业执照上登记的是法定代表人，就说明这是一个有独立法人资格的单位，就是我们所说的有限责任公司或股份有限公司；如果营业执照上登记的是负责人，那么这就是一个没有独立法人资格的单位，也就是我们所说的分公司或者是个体工商户，我们可以通过营业执照上记载的是法人代表或负责人，来判断这个公司组织的法律性质。

按照《公司法》第七条第三款的规定："公司营业执照记载的事项发生变更的，公司应当依法办理变更登记，由公司登记机关换发营业执照。"具体而言，当公司发生以下变化时，公司必须依法向工商登记机关办理变更登记手续。

一、公司名称变更

当公司名称发生变化时，包括企业字号变化或者行业类别发生变化，都应当向工商管理部门申请名称变更预先核准，在新名称获得预先核准后方可进行后续的工商登记变更手续。按照《公司登记管理条例》第二十八条的规定："公司变更名称的，应当自变更决议或者决定作出之日起三十日内申请变更登记。"

需要特别提醒的是，由于公司名称发生变更，公司所有证照、印鉴以及账户等信息都应当进行变更，同时公司还应当将公司名称变更的信息告知有业务往来的客户及其他合作者。

二、公司住所变更

公司住所发生变化后应当及时变更工商登记的注册地址，若公司擅自变更注册地址，但没有办理工商变更登记手续，则会出现注册地址与实际经营地址不一致的情况，该情况一旦被工商主管部门发现，公司就有可能会被处以行政处罚。因此，企业注册地址一旦发生变化，企业应当及时办理注册地址的工商变更手续。

按照《公司登记管理条例》第二十九条的规定："公司变更住所的，应当在迁入新住址前申请变更登记，并提交新住所使用证明。公司变更住所跨公司登记机关辖区的，应当在迁入新住所前向迁入地公司登记机关申请变更登记。迁入地公司登记机关受理的，由原公司登记机关将公司登记档案移送至迁入地公司登记机关。"

三、法定代表人变更

企业的法定代表人是代表公司行使职权的负责人。法定代表人对内处于公司管理的核心地位；对外代表公司，以公司的名义对外实施行为，该行为的法律后果由公司承担。因此，法定代表人可以说是公司内部权力最大的个人。若原法定代表人被免职后，因公司自身原因未能及时办理法定代表人的变更手续，而原法定代表人在被免职后仍然假借法定代表人身份对外行使权利，其行使权利的行为后果很可能需要公司承担，公司将面临极大的法律风险。因此，一旦法定代表人发生变更，公司不但要将变更情况通知业务关联人员，同时也应当及时办理法定代表人变更登记手续。工商变更手续的办理起到了公示的作用，可以有效避免原法定代表人越权代理而给公司带来风险与损失。

按照《公司登记管理条例》第三十条的规定："公司变更法定代表人的，应当自变更决议或者决定作出之日起三十日内申请变更登记。"

四、注册资本变更

注册资本是投资者出资向企业投入的资金，是企业赖以生存的物质经营基础，是确定企业对外承担债务金额的依据。当注册资本发生变化，无论是增加注册资本，还是减少注册资本，公司除了依法缴纳或者抽出相应投资之外，还应当办理工商变更登记手续。

五、出资时间和出资方式变更

当公司股东的出资时间、出资方式拟发生变更时，首先应修改公司章程中的相关条款，并向工商行政管理部门申请办理章程的变更登记手续。若公司没有完成前述变更手续，则公司股东必须按照原章程中规定的出资时间、出资方式履行出资义务。

六、经营范围变更

公司必须在工商行政管理部门批准的经营范围内进行经营，超出经营范围从事经营活动，尤其是从事一些需要前置审批的经营活动，将会面临工商主管部门的行政处罚。因此公司拟增加经营范围，需要办理经营范围变更登记手续，变更的经营范围需要进行前置审批的，则必须在获得前置审批手续后三十日内办理完毕工商变更登记。

七、公司类型变更

有限责任公司变更为股份有限公司，或股份有限公司变更为有限责任公司，仅是公司形式的变更，其法人主体资格并没有中断，具有前后一致性。《公司法》第九条规定："有限责任公司变更为股份有限公司的，或者股份有限公司变更为有限责任公司的，公司变更前的债权、债务由变更后的公司承继。"公司应当按照拟变更公司类型的设立条件，在规定的期限内向公司登记机关申请变更登记。

八、股东变更

有限责任公司的股东或者股份有限公司的发起人改变姓名或者名称的，应当自改变姓名或者名称之日起三十日内申请办理变更登记。

针对上述变更，工商行政管理部门在受理材料之后进行相应的核查，若符合备案要求，则作出准予企业变更登记的决定，并出具《准予变更登记通知书》，告知申请人换发营业执照。

实务指南

公司减少注册资本的注意事项

实践中增加注册资本的工商变更登记较为简单，只要提出申请，很快就能够办理完毕。但是减少注册资本的变更登记操作相对较为复杂，因为公司减资对债权人的影响比较大，公司减资将导致公司净资产减少，公司对外承担责任的能力将会相应降低。

《公司法》对公司减资的程序作出了详尽的规定。除了必须编制资产负债表及财产清单外，还需要经代表 2/3 以上表决权的股东作出并通过减资决议才能进行。且公司应当自作出减少注册资本决议之日起十日内通知债权人，于三十日内在报纸上进行公告。公司减资以后，应当到工商登记机关办理变更登记手续，公司减资只有在登记后，才能得到法律上的承认。

企业年度报告公示制度

一、什么是企业年度报告公示制度

年度报告公示是《企业信息公示暂行条例》规定的企业法定义务。企业应当于每年的1月1日至6月30日，登录国家企业信用信息公示系统（域名：http://www.gsxt.gov.cn/index.html）。点击“企业信息填报”向工商行政管理部门报送上一年度年度报告，并向社会公示。当年设立登记的企业，自下一年起报送并公示年度报告。

根据2014年10月1日起施行的《企业信息公示暂行条例》第九条规定：“企业年度报告内容包括：

（一）企业通信地址、邮政编码、联系电话、电子邮箱等信息。

（二）企业开业、歇业、清算等存续状态信息。

（三）企业投资设立企业、购买股权信息。

（四）企业为有限责任公司或者股份有限公司的，其股东或者发起人认缴和实缴的出资额、出资时间、出资方式等信息。

（五）有限责任公司股东股权转让等股权变更信息。

（六）企业网站以及从事网络经营的网店的名称、网址等信息。

（七）企业从业人数、资产总额、负债总额、对外提供保证担保、所有者权益合计、营业总收入、主营业务收入、利润总额、净利润、纳税总额信息。

前款第一项至第六项规定的信息应当向社会公示，第七项规定的信息由企业选择是否向社会公示。

经企业同意，公民、法人或者其他组织可以查询企业选择不公示的信息。”

二、未按时公示年报会有怎样的后果

按照《企业信息公示暂行条例》的规定，企业未按时公示年度报告，由工商行政管理部门列入《企业经营异常名录》，通过企业信用信息公示系统向社会公示。满三年未公示年报的，由工商行政管理部门列入《严重违法企业名单》，并通过企业信用信息公示系统向社会公示。被列入《企业经营异常名录》或者《严重违法企业名单》的企业，有关信息将被政府部门、行业组织和银行等机构共享，并被社会共知，将“一处违法，处处受限”受到有关部门的联合惩戒和信用约束，在政府采购、工程招投标、国有土地出让、授予荣誉称号等工作中受到限制或者禁入。被列入《严重违法企业名单》的企业法定代表人、负责人，三年内不得担任其他企业的法定代表人、负责人。

实务指南

网上报送公示步骤

第一步：在电脑浏览器上登录 http：//www.gsxt.gov.cn/index.html 进入国家企业信用信息公示系统，选择企业信息填报，进入相应的省份。首次登录要先进行“企业联系员注册”。

第二步：注册完成后，返回首页点击进入“企业信息填报”页面，选择填报年度，如往年未填报，必须先补报，再报送本年度的年报。

第三步：如年度企业年报中增加社保信息和统计信息填写，请注意填写完整。

第四步：填写完成后，预览打印与提交并公示，企业确认信息无误，可提交公示年报信息。

内部管理不能松：建立严密的组织机构

公司法定代表人的权利和义务

法定代表人是全权代表公司行使权利、义务的人，是在国家法律、法规及公司章程规定的职责范围内行使职权、履行义务、对公司的生产经营和管理全面负责，代表公司参加民事活动的人。这既是法定代表人的权利，也是其义务。具体来说，法定代表人的权利和义务主要表现在以下几点。

（1）代表公司签订合同。在订立合同的过程中，法定代表人签字通常是合同生效的前提条件，法定代表人一经签署，合同即生效。

（2）签字发行股票、债券。《公司法》第一百二十八条、第一百五十五条分别规定了公司在发行股票或者以发行实务券的方式发行债券时，必须由法定代表人签字。

（3）代表公司参加诉讼。《民事诉讼法》第四十八条规定："公民、法人和其他组织可以作为民事诉讼的当事人。"其中，法人由其法定代表人进行诉讼，发生纠纷时，法定代表人有权直接代表公司向人民法院起诉和应诉，其所进行的诉讼行为，就是公司的诉讼行为，直接对公司发生法律效力。而且在第八十五条中明确规定，当诉讼文书的受送达人为法人时，应当由法定代表人签收。

（4）法律、行政法规和公司章程规定的职权。例如，主持股东大会，主持董事会等。

因此，法定代表人依据法律、法规和公司章程的规定，以公司的名义所从事的行为，即视为公司行为，应当由公司承担相关法律责任。其与法人之间是代表关系，且其代表的职权来自法律的明确授权，无须另行签订授权委托。

实务指南

法定代表人的个人民事活动对法人的影响

《民法典》第六十一条第二款规定："法定代表人以法人名义从事的民事活动，其法律后果由法人承受。"这是不是说法定代表人以自己的名义从事的民事活动，其法律后果由自己承受，法人对此不承担责任呢？法定代表人的行为后果这么简单吗？

企业的法定代表人虽以个人名义进行民事活动，但双方均明知实际权利义务人为企业的，那么该企业法定代表人的行为就是职务行为，而非个人行为。如果企业法定代表人以个人名义借款，而双方当事人均明知借款用于单位，且实际出借方和借款方均为企业的，应当认定双方的行为属于企业之间的借贷行为，由企业承担责任。

钱多多持有异想天开科技有限公司（以下称"科技公司"）68%的股权，并任科技公司法定代表人、执行董事、总经理。2019年7月23日，公司股东钱多多（持股68%）、王多鱼（持股9.4%）、张大宝（持股2.6%）签署了一份委托书，"经科技公司股东会研究决定，由股东王多鱼担任科技公司总经理，钱多多不再担任公司总经理职务"。2019年11月15日，科技公司股东会决议："股东钱多多同意股东王多鱼收购其在科技有限公司68%的股权。"2019年11月20日，王多鱼出具承诺书：钱多多不再承担科技公司的任何责任和义务，原来由钱多多承担的公司的责任和义务，现在由王多鱼承担。

之后，由于没有完成工商变更登记。钱多多提起诉讼，请求判令：(1)被告办理公司股东变更工商登记，即将原工商登记的股东钱多多变更登记为实际股东被告王多鱼；(2)确认原告不再担任公司法定代表人；(3)将被告公司经理由钱多多变更为王多鱼。

法院审理认为，依据法律及行政法规的规定，公司变更法定代表人，应当由公司股东会或董事会作出决议或决定。钱多多作为科技公司执行董事即法定代表人，按照科技公司章程规定，为及时解决诉争事项，应当行使其召集公司股东会或临时会议的权利，做到穷尽内部救济途径之职责与义务。钱多多虽已向科技公司提出辞去法定代表人的请求，但在未经科技公司内部决议的情况下，请求确认其不再担任公司法定代表人并办理工商变更登记的主张于法无据，最后判决驳回钱多多的诉讼请求。由此可知，公司变更法定代表人，应当由公司股东会或董事会作出决议或决定，有关公司治理中的内部事务，应当穷尽内部救济之途径。

公司股东的权利和义务

一、股东有什么权利

《公司法》第四条规定："公司股东依法享有资产收益、参与重大决策和选择管理者等权利。"股东的权利均是围绕前述权利展开的，除此之外，《公司法》还允许公司在公司章程中对股东权利和义务作出进一步的约定。具体而言，公司股东享有以下权利。

（一）股东的身份权

根据《公司法》第三十一条、第三十二条的规定，有限责任公司成立后，应当向股东签发出资证明书，并应置备股东名册，记载股东的姓名或者名称及住所、股东的出资额和出资证明书编号。公司应当将股东的姓名或者名称及出资额向公司登记机关登记。登记事项发生变更的，应当办理变更登记。记载于股东名册的股东可以依股东名册主张行使股东权利。未经工商登记或者变更登记的，不得对抗第三人。因此，股东应当重视股东名册的登记和工商登记，这些均是主张股东身份的直接证据。

（二）参与重大决策的权利

根据《公司法》第三十六条、第三十七条的规定，有限责任公司股东会由全体股东组成，股东会是公司的权力机构，有权决定公司的经营方针和投资计划，审议批准公司的年度财务预算方案、决算方案、利润分配方案和弥补亏损方案，对公司增加或者减少注册资本作出决议，对发行公司债券作出决议，对公司合并、分立改变公司组织形式、解散和清算等事项作出决议，修改公司章程等。

《公司法》除了直接赋予股东权利之外，还允许公司股东通过章程来规定股东会所享有的其他职权。例如，就公司向其他企业投资或者为他人提供担保，特别是公司为公司股东或者实际控制人提供担保时，股东会有权对此作出决议，决定是否同意该行为。

（三）选择、监督管理者权

越来越多的企业实行所有权和经营权的适度分离，《公司法》据此确立了公司治理结构，即股东会是公司的最高权力机构，决定公司的重大事项，将经营权授予董事会和董事会聘任的经理。同时，股东会有权选举和更换非由职工代表担任的董事、监事，决定有关董事、监事的报酬事项，审议批准董事会和监事会或者监事的报告。董事会须对股东会负责，而经理须对董事会负责。监事会对董事、高级管理人员执行公司职务的行为进行监督和履行其他监督职能。在公司董事、监事、高级管理人员或其他人员侵害公司权益时，公司股东还享有代位诉讼权。

（四）资产收益权

资产收益权最直接的体现就是股东按照实缴的出资比例或者章程规定的其他方式分取红利，与此相联系，在公司新增资本时，除非公司章程另有约定，股东有权优先按照实缴的出资比例认缴出资。此外，在公司解散清算后，公司财产在分别支付清算费用、职工工资、社会保险费用和法定补偿金，缴纳所欠税款，清偿公司债务后的剩余财产，股东有权按照出资比例或者公司章程的规定予以分配。

很多公司的股东可能会在分红上出现较大分歧，对此《公司法》第七十四条规定，如果公司连续五年不向股东分配利润，而公司该五年连续盈利，且符合《公司法》规定的分配利润条件，对股东会不分红决议投反对票的股东可以请求公司按照合理的价格收购其股权。自股东会会议决议通过之日起六十日内，股东与公司不能达成股权收购协议的，股东可以自股东会会议决议通过之日起九十日内向人民法院提起诉讼。

（五）知情权

股东虽然将公司的经营权授予了董事会和经营管理层，但股东享有了解公司基本经营状况的权利。对此，《公司法》作出规定：股东有权查阅、复制公司章程、股东会会议记录、董事会会议决议、监事会会议决议和财务会计报告。股东可以要求查阅公司会计账簿。股东要求查阅公司会计账簿的，应当向公司提交书面请求，说明目的。公司合理认为股东查阅会计账簿有不正当目的，可能损害公司合法利益的，可以拒绝提供查阅，并应当自股东提出书面请求之日起五日内以书面形式答复股东。股东认为公司拒绝提供查阅不当的，可以请求人民法院要求公司提供查阅。

（六）关联交易审查权

股东有权通过股东会就公司为公司股东或者实际控制人提供担保作出决议，股东作出该项决议时，关联股东或者受实际控制人支配的股东不得参加该事项的表决，该项表决应由出席会议的其他股东所持表决权的过半数通过。《公司法》第二十一条规定："公司的控股股东、实际控制人、董事、监事、高级管理人员不得利用其关联关系损害公司利益。违反前款规定，给公司造成损失的，应当承担赔偿责任。"

（七）提议、召集、主持股东会临时会议权

股东会应当按照章程规定召开定期会议，以保障股东参与重大决策的权利。但是，定期股东会议有时还不能满足股东参与重大决策的需要，因此《公司法》第三十九条第二款规定："代表十分之一以上表决权的股东，三分之一以上的董事，监事会或者不设监事会的公司的监事提议召开临时会议的，会应当召开临时会议。"如果董事会或者执行董事不能履行或者不履行召集股东会会议职责，由监事会或者不设监事会的公司的监事召集和主持；如果监事会或者监事也不召集和主持，代表1/10以上表决权的股东则可以自行召集和主持。

（八）决议撤销权

由于股东会实行资本多数表决制度，小股东往往难以通过表决方式对抗大股东，而且，在实际操作中，大股东往往利用其优势地位，任意决定公司的重大事项。因此，《公司法》赋予小股东撤销权。如股东会作出程序违法、违反章程、违反行政法规的决议，股东可以自决议作出起六十日内请求人民法院撤销。

（九）退出权

《公司法》第三十五条规定，公司成立后，股东不得抽逃出资，需要维持公司资本。但是，这并不影响股东在一定情形下退出公司或者解散公司。《公司法》第七十四条规定："有下列情形之一的，对股东会该项决议投反对票的股东可以请求公司按照合理的价格收购其股权：

（1）公司连续五年不向股东分配利润，而公司该五年连续盈利，并且符合本法规定的分配利润条件的。

（2）公司合并、分立、转让主要财产的。

（3）公司章程规定的营业期限届满或者章程规定的其他解散事由出现，股东会会议通过决议修改章程使公司存续的。

自股东会会议决议通过之日起六十日内，股东与公司不能达成股权收购协议的，股东可以自股东会会议决议通过之日起九十日内向人民法院提起诉讼。"

此外，在公司经营管理发生严重困难，继续存续会给股东利益造成重大损失，通过其他途径不能解决时，持有公司全部股东1/10以上表决权的股东，可以请求人民法院解散公司。

（十）诉讼权和代位诉讼权

董事、高级管理人员违反法律、行政法规或者公司章程的规定，损害股东利益的，股东可以向人民法院提起诉讼。公司权益受到侵害时，公司可以提起诉讼。而在某些情况下，公司却不会或者不可能提起诉讼，比如公司董事、监事、高级管理人员侵害公司权益时，由于他们直接控制着公司，所以不可能代表公司提起诉讼。公司权益受到侵害，最终损害的是股东权益，因此，法律赋予股东经过一定的程序，以自己的名义直接向人民法院提起诉讼。

《公司法》第一百五十一条规定："董事、高级管理人员有本法第一百四十九条规定的情形的，有限责任公司的股东、股份有限公司连续一百八十日以上单独或者合计持有公司百分之一以上股份的股东，可以书面请求监事会或者不设监事会的有限责任公司的监事向人民法院提起诉讼；监事有本法第一百四十九条规定的情形的，前述股东可以书面请求董事会或者不设董事会的有限责任公司的执行董事向人民法院提起诉讼。监事会、不设监事会的有限责任公司的监事，或者董事会、执行董事收到前款规定的股东书面请求后拒绝提起诉讼，或者自收到请求之日起三十日内未提起诉讼，或者情况紧急、不立即提起诉讼将会使公司利益受到难以弥补的损害的，前款规定的股东有权为了公司的利益以自己的名义直接向人民法院提起诉讼。他人侵犯公司合法权益，给公司造成损失的，本条第一款规定的股东可以依照前两款的规定向人民法院提起诉讼。"

二、股东有什么义务

作为公司的股东，在公司设立过程中以及公司成立之后，应当履行如下义务。

（一）出资义务

有限责任公司的股东应当按期足额缴纳公司章程规定的各自所认缴的出资额，股东以货币出资的，应当将货币出资足额存入有限责任公司在银行开设的账户。非货币财产出资的，应当依法办理财产权的转移手续。如果未按照公司章程规定缴纳出资，包括虚假出资、延期出资、出资不足、瑕疵出资等，除应当向公司足额缴纳出资外，还应当向已按期足额缴纳出资的股东承担违约责任，甚至在特殊情况下需要承担刑事责任。

（二）不得抽逃出资的义务

抽逃出资是指在公司验资完成后，股东将所缴纳的出资撤回，却仍保留股东身份和原有出资数额的一种欺诈性违法行为。我国《公司法》第三十五条规定："公司成立后，股东不得抽逃出资。"抽逃出资的行为不仅侵害了公司的利益，还损害到公司以外的第三人权益，因此《公司法》对此严格禁止，且在一些特殊情况下抽逃出资的行为还可能涉嫌刑事犯罪。

（三）遵守法律法规、公司章程

《公司法》第二十条第一款、第二款规定："公司股东应当遵守法律、行政法规和公司章程，依法行使股东权利，不得滥用股东权利损害公司或者其他股东的利益；不得滥用公司法人独立地位和股东有限责任损害公司债权人的利益。公司股东滥用股东权利给公司或者其他股东造成损失的，应当依法承担赔偿责任。"故对公司股东而言，应当遵守《公司法》以及其他相关法律法规，合理行使股东权利。

除此之外，公司章程是公司的自治规章，对于股东而言，无论是参与公司章程制定的初始股东，还是以后因股权转让、承继等行为而加入公司的股东，公司章程对其均具有约束力，所有股东都必须遵守公司章程的规定，不得滥用公司法人独立地位和股东有限责任损害公司债权人的利益。

实务指南

股东对公司债务承担连带责任的几种情形

实践中，公司股东未按时缴纳注册资本金或抽逃注册资金的行为时有发生，导致债权人利益无法得到保障。但往往当进入司法纠纷程序后，股东不当抽逃资金的行为将会面临和公司一起承担连带责任的后果，以下为股东对公司债务承担连带责任的几种情形。

1. 股东虚假出资、出资不到位或抽逃出资

（1）虚假出资。

《公司法》第二十八条规定："股东应当按期足额缴纳公司章程中规定的各自所认缴的出资额。股东以货币出资的，应当将货币出资足额存入有限责任公司在银行开设的账户；以非货币财产出资的，应当依法办理其财产权的转移手续。"《公司法》第三十条规定："有限责任公司成立后，发现作为设立公司出资的非货币财产的实际价额显著低于公司章程所定价额的，应当由交付该出资的股东补足其差额；公司设立时的其他股东承担连带责任。"

（2）出资不到位。

《公司法解释（二）》第二十二条第二款："公司财产不足以清偿债务时，债权人主张未缴出资股东，以及公司设立时的其他股东或者发起人在未缴出资范围内对公司债务承担连带清偿责任的，人民法院应依法予以支持。"

（3）抽逃出资。

《公司法》第三十五条规定："公司成立后，股东不得抽逃出资。"第一百一十五条规定："公司不得直接或者通过子公司向董事、监事、高级管理人员提供借款。"《执行工作若干问题的规定（试行）》第八十条规定："被执行人无财产清偿债务，如果其开办单位对其开办时投入的注册资金不实或抽逃注册资金，可以裁定变更或追加其开办单位为被执行人，在注册资金不实或抽逃注册资金的范围内，对申请执行人承担责任。"

2. 公司清算未依法履行通知和公告义务

《公司法》第一百八十五条规定："清算组应当自成立之日起十日内通知债权人，并于六十日内在报纸上公告。债权人应当自接到通知书之日起三十日内，未接到通知书的自公告之日起四十五日内，向清算组申报其债权。"《公司法解

释（二）》第十一条规定："（1）公司清算时，清算组应当按照《公司法》第一百八十六条的规定，将公司解散清算事宜书面通知全体已知债权人，并根据公司规模和营业地域范围在全国或者公司注册登记地省级有影响的报纸上进行公告；（2）清算组未按照前款规定履行通知和公告义务，导致债权人未及时申报债权而未获清偿，债权人主张清算组成员对因此造成的损失承担赔偿责任的，人民法院应依法予以支持。"

3. 执行未经确认的清算方案或者未在法定期限内清算

（1）执行未经确认的清算方案。

根据最新修改的《最高人民法院关于适用〈中华人民共和国公司法〉若干问题的规定（二）》（下文简称《公司法解释（二）》）第十五条之规定"公司自行清算的，清算方案应当报股东会或者股东大会决议确认；人民法院组织清算的，清算方案应当报人民法院确认。未经确认的清算方案，清算组不得执行。

执行未经确认的清算方案给公司或者债权人造成损失，公司、股东、董事、公司其他利害关系人或者债权人主张清算组成员承担赔偿责任的，人民法院应依法予以支持。"

（2）股东未在法定期限内进行清算。

《公司法》第一百八十条规定："公司因下列原因解散：

（一）公司章程规定的营业期限届满或者公司章程规定的其他解散事由出现。

（二）股东会或者股东大会决议解散。

（三）因公司合并或者分立需要解散。

（四）依法被吊销营业执照、责令关闭或者被撤销。

（五）人民法院依照本法第一百八十二条的规定予以解散。"

《公司法》第一百八十三条规定："公司因本法第一百八十条第（一）项、第（二）项、第（四）项、第（五）项规定而解散的，应当在解散事由出现之日起十五日内成立清算组，开始清算。有限责任公司的清算组由股东组成，股份有限公司的清算组由董事或者股东大会确定的人员组成。逾期不成立清算组进行清算的，债权人可以申请人民法院指定有关人员组成清算组进行清算。人民法院应当受理该申请，并及时组织清算组进行清算。”

《公司法解释（二）》第十八条规定：“有限责任公司的股东、股份有限公司的董事和控股股东未在法定期限内成立清算组开始清算，导致公司财产贬值、流失、毁损或者灭失，债权人主张其在造成损失范围内对公司债务承担赔偿责任的，人民法院应依法予以支持。”

以案说法

钱多多和王多鱼经协商拟共同成立一家有限责任公司（以下简称“公司”），双方签订了《公司设立协议》。该协议约定，公司的注册资本为200万元人民币，钱多多和王多鱼各出资100万元人民币，且双方应按照公司章程约定的出资时间出资，如一方未按约定出资，则守约方有权按违约方应出资额的20%要求其支付违约金。协议签订后，双方便着手办理公司设立的相关事宜，并制定了公司章程，公司章程规定注册资本应当分两期缴纳，公司成立时缴纳50%，公司成立后一年内缴纳剩余的50%，但章程并未就一方未按期履行出资义务需要承担的违约责任进行约定。

公司成立后，钱多多和王多鱼因公司经营问题发生矛盾，王多鱼不愿缴纳剩余注册资本。为此，钱多多将王多鱼起诉至法院，请求法院依据《公司设立协议》的约定，要求王多鱼履行出资义务，并要求其支付违约金。

双方在庭审中的主要争议焦点在于，《公司设立协议》与公司章程在内容上不一致时，以何种约定优先。被告王多鱼认为，公司成立后，《公司设立协议》被公司章程所取代，应以公司章程作为公司管理和活动的依据，由于公司章程中并未对未按期履行出资义务规定违约金条款，故其无须向钱多多支付违约金。法院审理认为，《公司设立协议》不会因公司章程的制定、公司成立而必然终止，《公司设立协议》关于违约金的约定对钱多多和王多鱼而言继续有效，因此判决王多鱼按《公司设立协议》的约定向钱多多支付违约金。

从本案可以看出，如果是调整股东之间的关系，《公司设立协议》中的约定在公司章程中没有规定，则该约定应对签约股东继续有效。但是，如果《公司设立协议》中的约定与公司章程的约定存在明显冲突，此时股东依据《公司设立协议》的约定要求追究股东的出资责任或者要求确认《公司设立协议》无效而解散公司，在司法实践中很难得到支持。

董事、监事、高级管理人员的任职资格和义务

一、董事、监事、高级管理人员的任职资格的要求

（一）《公司法》的规定

《公司法》第一百四十六条规定："有下列情形之一的，不得担任公司的董事、监事、高级管理人员：

（一）无民事行为能力或者限制民事行为能力。

（二）因贪污、贿赂、侵占财产、挪用财产或者破坏社会市场经济秩序，被判处刑罚，执行期满未逾五年，或者因犯罪被剥夺政治权利，执行期满未逾五年。

（三）担任破产清算的公司、企业的董事或者厂长、经理，对该公司、企业的破产负有个人责任的，自该公司、企业破产清算完结之日起未逾三年。

（四）担任因违法被吊销营业执照、责令关闭的公司、企业的法定代表人，并负有个人责任的，自该公司、企业被吊销营业执照之日起未逾三年。

（五）个人所负数额较大的债务到期未清偿。

公司违反前款规定选举、委派董事、监事或者聘任高级管理人员的，该选举、委派或者聘任无效。董事、监事、高级管理人员在任职期间出现本条第一款所列情形的，公司应当解除其职务。"

（二）深圳证券交易所的规定

《深圳证券交易所主板上市公司规范运作指引》规定："董事、监事和高级管

理人员候选人存在下列情形之一的，不得被提名担任上市公司董事、监事和高级管理人员：

（一）《公司法》第一百四十六条规定的情形之一；

（二）被中国证监会采取证券市场禁入措施，期限尚未届满；

（三）被证券交易所公开认定为不适合担任上市公司董事、监事和高级管理人员，期限尚未届满。”

以上期间，按拟选任董事、监事和高级管理人员的股东大会或者董事会等机构审议董事、监事和高级管理人员受聘议案的截止时间起算。

上市公司董事会中兼任公司高级管理人员以及由职工代表担任的董事人数总计不得超过公司董事总数的1/2。

董事、监事和高级管理人员候选人被提名后，应当自查是否符合任职资格，并及时向上市公司提供其是否符合任职资格的书面说明和相关资格证书（如适用）。公司董事会、监事会应当对候选人的任职资格进行核查，发现不符合任职资格的，应当要求提名人撤销对该候选人的提名。

《深圳证券交易所中小企业板上市公司规范运作指引》规定：“董事、监事和高级管理人员候选人存在下列情形之一的，公司应当披露该候选人具体情形、拟聘请相关候选人的原因以及是否影响公司规范运作：

（一）最近三年内受到中国证监会行政处罚；

（二）最近三年内受到证券交易所公开谴责或者三次以上通报批评；

（三）因涉嫌犯罪被司法机关立案侦查或者涉嫌违法违规被中国证监会立案调查，尚未有明确结论意见。

以上期间，应当以公司董事会、股东大会等有权机构审议董事、监事和高级管理人员候选人聘任议案的日期为截止日。”

《深圳证券交易所创业板上市公司规范运作指引》规定：“董事、监事、高级管理人员候选人除应符合《公司法》的相关规定外，还不得存在下列情形：

（一）最近三年内受到中国证监会行政处罚；

（二）最近三年内受到证券交易所公开谴责或三次以上通报批评；

（三）被中国证监会宣布为市场禁入者且尚在禁入期；

（四）被证券交易所公开认定为不适合担任上市公司董事、监事和高级管理人员；

（五）无法确保在任职期间投入足够的时间和精力于公司事务，切实履行董事、监事、高级管理人员应履行的各项职责。

以上期间，按拟选任董事、监事、高级管理人员的股东大会或者董事会召开日截止起算。

……

董事、监事、高级管理人员候选人存在本条第一款所列情形之一的，公司不得将其作为董事、监事、高级管理人员候选人提交股东大会或者董事会表决。”

公司董事、高级管理人员在任期间及其配偶和直系亲属不得担任公司监事。董事会秘书应当由上市公司董事、经理、副经理或财务总监担任。因特殊情况需由其他人员担任公司董事会秘书的，应经本所同意。

（三）上海证券交易所的规定

《上海证券交易所上市公司董事选任与行为指引（2013年修订）》规定：“除第十一条规定外，有下列情形之一的，不得被提名为董事候选人：

（一）三年内受中国证监会行政处罚；

（二）三年内受证券交易所公开谴责或两次以上通报批评；

（三）处于中国证监会认定的市场禁入期；

（四）处于证券交易所认定不适合担任上市公司董事期间。

本条所述期间，以拟审议相关董事提名议案的股东大会召开日为截止日。”

二、董事、监事、高级管理人员的义务

《公司法》第一百四十七条第一款规定了董事、监事、高级管理人员应当遵守法律、行政法规和公司章程，对公司负有忠实义务和勤勉义务。那么忠实、勤勉义务有什么表现形式呢？

（一）《公司法》第一百四十七条第二款规定，公司的董事、监事、高级管理人员共同的禁止行为，即董事、监事、高级管理人员不得利用职权收受贿赂或者其他非法收入，不得侵占公司财产。

（二）《企业国有资产法》第二十五条、第二十六条规定，国有企业的董事、监事、高级管理人员除了贯彻上述《公司法》的基本原则之外，对国企董事、监事、高级管理人员的行为作了进一步禁止："未经履行出资人职责的机构同意，国有独资企业、国有独资公司的董事、高级管理人员不得在其他企业兼职。未经股东会、股东大会同意，国有资本控股公司、国有资本参股公司的董事、高级管理人员不得在经营同类业务的其他企业兼职。国家出资企业的董事、监事、高级管理人员对企业负有忠实义务和勤勉义务，不得利用职权收受贿赂或者取得其他非法收入和不当利益，不得侵占、挪用企业资产，不得超越职权或者违反程序决定企业重大事项，不得有其他侵害国有资产出资人权益的行为。"

（三）《公司法》第一百四十八条详细列举了自我交易、擅自担保或借贷、同业竞争等七种董事、监事、高级管理人员违反忠实义务的情形，同时规定其他违反忠实义务的行为作为兜底。证监会的部门规章《上市公司章程指引》第九十七条在《公司法》的基础上，扩展了一条：不得利用其关联关系损害公司利益。另外，从《公司法解释（三）》第十四条来看，董事、监事、高级管理人员协助股东抽逃出资也是违反忠实义务的表现（财务负责人须重视该条款）。

（四）《公司法》未明确列举董事、监事、高级管理人员的勤勉义务有哪些，但《上市公司章程指引》第九十八条具体列举了上市公司董事的勤勉义务的五种

情形，包括公平对待所有股东，保证公司的商业行为符合国家法律、行政法规以及国家各项经济政策的要求，商业活动不超过营业执照规定的业务范围，及时了解公司业务经营管理状况，对公司定期报告签署书面确认意见，保证公司所披露的信息真实、准确、完整等。可见《公司法》第一百五十条的规定，董事、监事、高级管理人员列席股东会（大会）接受股东质询，董事、高级管理人员如实向监事会或监事提供有关情况和资料，不妨碍监事行使职权也可理解成勤勉义务的表现。此外，最新修改的《最高人民法院关于适用〈中华人民共和国公司法〉若干问题的规定（三）》第二十七条之规定：“股权转让后尚未向公司登记机关办理变更登记，原股东将仍登记于其名下的股权转让、质押或者以其他方式处分，受让股东以其对于股权享有实际权利为由，请求认定处分股权行为无效的，人民法院可以参照民法典第三百一十一条的规定处理。

原股东处分股权造成受让股东损失，受让股东请求原股东承担赔偿责任、对于未及时办理变更登记有过错的董事、高级管理人员或者实际控制人承担相应责任的，人民法院应予支持；受让股东对于未及时办理变更登记也有过错的，可以适当减轻上述董事、高级管理人员或者实际控制人的责任。”

实务指南

高管的忠诚义务和勤勉义务

创业者应了解《公司法》中对董事、监事以及高级管理人员忠诚义务以及勤勉义务的相关规定。董事、监事、高级管理人员在履行职务过程中应当履行忠诚义务以及勤勉义务，其中忠诚义务的要求相对于勤勉义务更高。我国《公司法》明确规定的董事、高级管理人员违反忠诚义务的行为，包括自我交易行为、商业机会的窃取行为、同业竞争行为、违反公司商业秘密行为等。

对于违反忠诚义务的行为，股东可以依据《公司法》的规定追究责任人员相关法律责任，通常包括三种：利益归入公司、赔偿损失和交易合同被认定无效。违反勤勉义务的法律责任则为赔偿公司损失。同时，建议创业者在公司章程中就忠诚义务进行更为详细的规定，可以弥补立法上的不足。

有限责任公司的组织结构

一、有限责任公司的股东会

有限责任公司股东会由全体股东组成，是公司的最高权力机关，除一人有限公司、外商独资企业以及国有独资公司外，股东会是有限责任公司的必设机构。股东会由全体股东组成，股东是按其所认缴出资额向有限责任公司缴纳出资的人。

（一）股东会的职权

（1）决定公司的经营方针和投资计划。

（2）选举和更换非由职工代表担任的董事、监事，决定有关董事、监事的报酬事项。

（3）审议批准董事会的报告。

（4）审议批准监事会或者监事的报告。

（5）审议批准公司的年度财务预算方案、决算方案。

（6）审议批准公司的利润分配方案和弥补亏损方案。

（7）对公司增加或者减少注册资本作出决议。

（8）对发行公司债券作出决议。

（9）对公司合并、分立、解散、清算或者变更公司形式作出决议。

（10）修改公司章程。

（11）公司章程规定的其他职权。

（二）股东会会议的召开和决议方式

股东会会议分为定期会议和临时会议。定期会议应当按照公司章程的规定按时召开。代表 1/10 以上表决权的股东、1/3 以上的董事、监事会或者不设监事会的公司的监事，可以提议召开临时会议；上述人员、机构提议召开临时股东会会议的，公司应当召开。召开股东会会议，应当于会议召开十五日前通知全体股东；但是，公司章程另有规定或者全体股东另有约定的除外。

股东会会议由股东按照出资比例行使表决权，公司章程另有规定的除外。股东会的议事方式和表决程序，除《公司法》有规定的外，由公司章程规定。股东会会议作出修改公司章程、增加或者减少注册资本的决议，以及公司合并、分立、解散或者变更公司形式的决议，必须经代表 2/3 以上表决权的股东通过。公司为股东或者实际控制人提供担保的，该利害关系股东或实际控制人不得参与该股东会决议事项的表决，该项表决由出席会议的其他股东过半数通过。

二、有限责任公司的董事会及经理

董事会是由董事组成的，对内掌管公司事务、对外代表公司经营决策的机构。

（一）董事会的职权

（1）召集股东会会议，并向股东会报告工作。

（2）执行股东会的决议。

（3）决定公司的经营计划和投资方案。

（4）制定公司的年度财务预算方案、决算方案。

（5）制定公司的利润分配方案和弥补亏损方案。

（6）制定公司增加或者减少注册资本以及发行公司债券的方案。

（7）制定公司合并、分立、解散或者变更公司形式的方案。

（8）决定公司内部管理机构的设置。

（9）决定聘任或者解聘公司经理及其报酬事项，并根据经理的提名决定聘任或者解聘公司副经理、财务负责人及其报酬事项。

（10）制定公司的基本管理制度。

（11）公司章程规定的其他职权。

（二）董事会的设置和组成

有限责任公司一般应设董事会。股东人数较少或规模较小的，可以设一名执行董事，不设董事会。董事会成员为三至十三人。董事可以从公司股东中选任，也可以由股东选派的非股东出任。两个以上国有企业或者其他两个以上国有投资主体投资设立的有限责任公司，其董事会成员中应当有公司职工代表。其他有限责任公司董事会成员中可以有公司职工代表。董事会中的职工代表由公司职工通过职工代表大会、职工大会或者其他形式的民主选举产生。

（三）董事会会议的召开和决议方式

董事会决议的表决，实行一人一票。董事会作出决议须经全体董事过半数通过。董事会应当把所议事项的决定做成会议记录，出席会议的董事应当在会议记录上签名。

（四）经理

有限责任公司可以设经理，由董事会决定聘任或者解聘。经理列席董事会会议。

三、有限责任公司的监事会

（一）监事是公司中常设的监察机关的成员，又称“监察人”，负责监察公司的财务情况、公司高级管理人员的职务执行情况，以及其他由公司章程规定的监察职责。在我国，监事组成的监督机构称为监事会，是公司必备的法定监督机关。监事会、不设监事会的公司的监事发现公司经营情况异常，可以进行调查，必要时，可以聘请会计师事务所等协助其工作，费用由公司承担。

（二）监事会、不设监事会的公司的监事享有以下职权。

（1）检查公司财务。

（2）对董事、高级管理人员执行公司职务的行为进行监督，对违反法律、行政法规、公司章程或者股东会决议的董事、高级管理人员提出罢免的建议。

（3）当董事、高级管理人员的行为损害公司的利益时，要求董事、高级管理人员予以纠正。

（4）提议召开临时股东会会议，在董事会不履行《公司法》规定的召集和主持股东会会议职责时召集和主持股东会会议。

（5）向股东会会议提出提案。

（6）依照法律的规定，对董事、高级管理人员提起诉讼。

（7）公司章程规定的其他职权。

（8）监事可以列席董事会会议，并对董事会决议事项提出质询或者建议。

（三）监事会的设置和组成。

有限责任公司设立监事会，其成员不得少于三人。股东人数较少或者规模较小的有限责任公司，可以设一至二名监事，不设立监事会。监事会应当包括股东代表和适当比例的公司职工代表，其中职工代表的比例不得低于1/3，具体比例由公司章程规定。监事会中的职工代表由公司职工通过职工代表大会、职工大会或者其他形式的民主选举产生。

（四）监事会每年度至少召开一次会议，监事可以提议召开临时监事会会议。

实务指南

公司股东会议的相关建议

股东作为公司的所有者，享有法律、行政法规和公司章程规定的合法权利。

公司应建立起能够确保股东充分行使权利的公司治理结构，能够更加顺利地开展公司经营提升企业盈利能力。以下几点对公司股东会的建议，供创业者参考。

（1）股东会并非公司常设机构，而是以定期或者临时召开股东会会议的形式形成决议。建议在设立公司之初，即在公司章程中明确规定股东会会议定期召开的时间，股东之间利用定期会议能总结企业近期的不足及调整方向，规范经营增强企业凝聚力。发生需要股东会决议的重要事项时，应及时召开股东会临时会议，做好会议笔录及决议。

（2）作为股东，应尽可能亲自参加公司股东会议，这是表达自己的意见、行使股东权利的最佳方式，应避免长期不召开股东会议或者不参加股东会议，导致股东会名存实亡或者股东会议流于形式，不利于提升员工的凝聚力和责任心。

（3）在不违反法律、行政法规规定的前提下，公司章程应当详细规定股东会议的召集、召开方式和议事规则，这对于保护股东利益意义重大。

（4）股东会的召集、召开、表决程序必须严格依照法律法规或者公司章程的规定执行，否则就会导致股东会决议的无效或者被撤销。

（5）公司股东会决议内容违反法律、行政法规的，股东可以提起决议无效之诉。公司股东会的决议在会议召集程序和表决方式上违反《公司法》及其他有关法律、行政法规的，或者决议内容违反公司章程的，股东可以提起撤销之诉，但撤销之诉必须在决议作出之日起六十天内提出，否则就会丧失撤销权。

以案说法

被告钱多多原来是异想天开公司的股东，在公司行政岗位从事行政总监工作。2019 年 8 月 23 日，钱多多向异想天开公司提出辞职，同月 24 日下午办完了交接手续，同月 25 日双方解除了劳动关系。经公司调查，钱多多在公司经营过程中，存有严重的违反公司章程规定的行为，具体表现为：（1）钱多多作为新股东，不满两年即离开公司；（2）钱多多具有主观故意侵占或损害公司利益、利用在公司的地位和职权为自己谋私利、违反公司同业禁止约定的行为，为其他公司提供业务信息。

鉴于此，异想天开公司为维护公司的正常经营管理秩序，于2019年12月4日依法律及公司章程规定召开股东会，并依据公司章程相关规定，经全体股东表决通过对钱多多处以3万元罚款的股东会决议。该决议作出后，异想天开公司多次要求钱多多履行决议，但是钱多多均拒绝。故异想天开公司诉至法院要求钱多多立即给付异想天开公司3万元。

最终法院判决：（1）确认原告异想天开公司2019年12月4日临时股东会决议“对被告钱多多处以3万元的罚款”内容无效；（2）驳回原告异想天开公司要求被告钱多多支付3万元的诉讼请求。

本案中，异想天开公司在制定公司章程时，虽然规定了股东在出现违反章程规定的情形时，股东会有权对股东处以罚款，但未在公司章程中明确记载罚款的标准及范围，使得钱多多对违反公司章程行为的后果无法做出事先预料。况且，异想天开公司规定“股东身份必须首先是员工身份”的原则，而《员工手册》的《奖惩条例》中规定的处罚种类中，最高的罚款数额仅为5000元，而异想天开公司股东会对钱多多处以3万元的罚款已明显超出了钱多多的可预见范围。所以，异想天开公司股东会所作出罚款的决议明显属法定依据不足，应认定为无效。

股份有限公司的组织结构

一、股份有限公司的股东大会

有限责任公司股东会职权的规定，适用于股份有限公司股东大会。

（一）股份有限公司股东大会的召集和主持

（1）股东大会应当每年召开一次年会。但有下列情形之一的，应当在两个月内召开临时股东大会。

①董事人数不足《公司法》规定人数或者公司章程所定人数的2/3时。

②公司未弥补的亏损达实收股本总额1/3时。

③单独或者合计持有公司1/10以上股份的股东请求时。

④董事会认为必要时。

⑤监事会提议召开时。

⑥公司章程规定的其他情形。

（2）股东大会会议由董事会召集，由董事长主持。董事长不能履行职务或者不履行职务的，由副董事长主持；副董事长不能履行职务或者不履行职务的，由1/2以上董事共同推举一名董事主持。董事会不能履行或者不履行召集股东大会会议职责的，监事会应当及时召集和主持；监事会不召集和主持的，连续九十日以上单独或者合计持有公司1/10以上股份的股东可以自行召集和主持。

（3）召开股东大会会议，应当将会议召开的时间、地点和审议的事项于会议召开二十日前通知各股东。临时股东大会应当于会议召开十五日前通知各股东。发行无记名股票的，应当于会议召开三十日前公告会议召开的时间、地点和审议事项。

（4）无记名股票持有人出席股东大会会议的，应当于会议召开五日前至股东大会闭会时将股票交存于公司。

（二）股东大会临时提案

单独或者合计持有公司 3% 以上股份的股东，可以在股东大会召开十日前提出临时提案并书面提交董事会；董事会应当在收到提案后两日内通知其他股东，并将该临时提案提交股东大会审议。临时提案的内容应当属于股东大会职权范围，并有明确议题和具体决议事项。

（三）股东大会的表决

（1）股东出席股东大会会议，所持每一股份有一表决权。但是，公司持有的本公司股份没有表决权。

（2）股东大会作出决议，必须经出席会议的股东所持表决权过半数通过。但是，股东大会作出修改公司章程、增加或者减少注册资本的决议，以及公司合并、分立、解散或者变更公司形式的决议，必须经出席会议的股东所持表决权的 2/3 以上通过。

（3）《公司法》和公司章程规定公司转让、受让重大资产或者对外提供担保等事项必须经股东大会作出决议的，董事会应当及时召集股东大会会议，由股东大会就上述事项进行表决。

（4）股东大会选举董事、监事，可以依照公司章程的规定或者股东大会的决议，实行累积投票制。《公司法》所称累积投票制，是指股东大会选举董事或者监事时，每一股份拥有与应选董事或者监事人数相同的表决权，股东拥有的表决权可以集中使用。

（5）股东可以委托代理人出席股东大会会议，代理人应当向公司提交股东授权委托书，并在授权范围内行使表决权。

（6）股东大会应当把所议事项的决定做成会议记录，主持人、出席会议的董事应当在会议记录上签名。会议记录应当与出席股东的签名册及代理出席的委托书一并保存。

二、股份有限公司的董事会、经理

（一）股份有限公司董事会的组成

股份有限公司设董事会，其成员为五至十九人。董事会成员可以有公司职工代表。董事会中的职工代表由公司职工通过职工代表大会、职工大会或者其他形式的民主选举产生。

（二）股份有限公司董事会的职权

股份有限公司董事会的职权同有限责任公司。

（三）董事任期

董事任期由公司章程规定，但每届任期不得超过三年。董事任期届满，连选可以连任。董事任期届满未及时改选，或者董事在任期内辞职导致董事会成员低于法定人数的，在改选出的董事就任前，原董事仍应当依照法律、行政法规和公司章程的规定，履行董事职务。

（四）董事会会议召开

（1）董事会设董事长一人，可以设副董事长。董事长和副董事长由董事会以全体董事的过半数选举产生。

（2）董事长召集和主持董事会会议，检查董事会决议的实施情况。副董事长协助董事长工作。董事长不能履行职务或者不履行职务的，由副董事长履行职务。副董事长不能履行职务或者不履行职务的，由半数以上董事共同推举一名董事履行职务。

（3）董事会每年度至少召开两次会议，每次会议应当于会议召开十日前通知全体董事和监事。

（4）代表1/10以上表决权的股东、1/3以上董事或者监事会，可以提议召开董事会临时会议。董事长应当自接到提议后十日内，召集和主持董事会会议。董事会召开临时会议，可以另定召集董事会的通知方式和通知时限。

（五）董事会会议的表决

（1）董事会会议应有过半数的董事出席方可举行。董事会作出决议，必须经全体董事的过半数通过。

（2）董事会决议的表决，实行一人一票制。

（3）董事会会议，应由董事本人出席；董事因故不能出席，可以书面委托其他董事代为出席，委托书中应载明授权范围。

（4）董事会应当把会议所议事项的决定做成会议记录，出席会议的董事应当在会议记录上签名。

（5）董事应当对董事会的决议承担责任。董事会的决议违反法律、行政法规或者公司章程、股东大会决议，致使公司遭受严重损失的，参与决议的董事对公司负赔偿责任。但经证明在表决时曾表明异议并记载于会议记录的，该董事可以免除责任。

（六）股份有限公司的经理

股份有限公司设经理，由董事会决定聘任或者解聘。股份有限公司经理享有以下职权。

（1）主持公司的生产经营管理工作，组织实施董事会决议。

（2）组织实施公司年度经营计划和投资方案。

（3）拟订公司内部管理机构设置方案。

（4）拟订公司的基本管理制度。

（5）制定公司的具体规章。

（6）提请聘任或者解聘公司副经理、财务负责人。

（7）决定聘任或者解聘除应由董事会决定聘任或者解聘以外的负责管理人员。

（8）董事会授予的其他职权。公司章程对经理职权另有规定的，从其规定。

（9）经理可以列席董事会会议。

三、股份有限公司的监事会

（一）监事会组成

（1）股份有限公司设监事会，不得少于三人。

（2）监事会应当包括股东代表和适当比例的公司职工代表，其中职工代表的比例不得低于1/3，具体比例由公司章程规定。监事会中的职工代表由公司职工通过职工代表大会、职工大会或者其他形式的民主选举产生。

（3）监事会设主席一人，可以设副主席。监事会主席和副主席由全体监事过半数选举产生。

（二）监事任期

监事的任期每届为三年。监事任期届满，连选可以连任。

监事任期届满未及时改选，或者监事在任期内辞职导致监事会成员低于法定人数的，在改选出的监事就任前，原监事仍应当依照法律、行政法规和公司章程的规定，履行监事职务。监事可以列席董事会会议，并对董事会决议事项提出质询或者建议。

（三）监事会职权

（1）检查公司财务。

（2）对董事、高级管理人员执行公司职务的行为进行监督，对违反法律、行政法规、公司章程或者股东会决议的董事、高级管理人员提出罢免的建议。

（3）当董事、高级管理人员的行为损害公司的利益时，要求董事、高级管理人员予以纠正。

（4）提议召开临时股东会会议，在董事会不履行《公司法》规定的召集和主持股东会会议职责时召集和主持股东会会议。

（5）向股东会会议提出提案。

（6）依法对董事、高级管理人员提起诉讼。

（7）公司章程规定的其他职权。监事会行使职权所必需的费用，由公司承担。

（四）监事会召集和表决

（1）监事会主席召集和主持监事会会议；监事会主席不能履行职务或者不履行职务的，由监事会副主席召集和主持监事会会议；监事会副主席不能履行职务或者不履行职务的，由半数以上监事共同推举一名监事召集和主持监事会会议。

（2）董事、高级管理人员不得兼任监事。

（3）监事会每六个月至少召开一次会议。监事可以提议召开临时监事会会议。

（4）监事会的议事方式和表决程序，除《公司法》有规定的外，由公司章程规定。

（5）监事会决议应当经半数以上监事通过。

（6）监事会应当把所议事项的决定做成会议记录，出席会议的监事应当在会议记录上签名。

实务指南

上市公司组织机构的特别规定

（1）上市公司，是指其股票在证券交易所上市交易的股份有限公司。

（2）上市公司在一年内购买、出售重大资产或者担保金额超过公司资产总额30%的，应当由股东大会作出决议，并经出席会议的股东所持表决权的2/3以上通过。

（3）上市公司设独立董事，具体办法由国务院规定。

（4）上市公司设董事会秘书，负责公司股东大会和董事会会议的筹备、文件保管以及公司股东资料的管理、办理信息披露事务等事宜。

（5）上市公司董事与董事会会议决议事项所涉及的企业有关联关系的，不得对该项决议行使表决权，也不得代理其他董事行使表决权。该董事会会议由过半数的无关联关系董事出席即可举行，董事会会议的决议须经无关联关系董事过半数通过。出席董事会的无关联关系董事人数不足三人的，应将该事项提交上市公司股东大会审议。

如何执行股东除名制度

《公司法解释（三）》第十七条规定："有限责任公司的股东未履行出资义务或者抽逃全部出资，经公司催告缴纳或者返还，其在合理期间内仍未缴纳或者返还出资，公司以股东会决议解除该股东的股东资格，该股东请求确认该解除行为无效的，人民法院不予支持。"除名条件包括除名的法定情形和履行合理的催告义务。具体可以概括为以下三点。

（1）除名制度仅在股东完全未履行出资义务或抽逃全部出资的情况下适用，即当公司股东未全面履行出资义务或抽逃部分出资时，公司股东不得以股东会决议形式解除股东资格。

《公司法解释（三）》规定的除名规则适用的情形是股东未履行出资义务或者抽逃全部出资，解除股东资格这种严厉的措施只应用于严重违反出资义务的情形。因此，法定股东除名情形强调"未履行出资义务"或"抽逃全部出资"。在公司章程未对股东除名有其他规定的情况下，公司可以根据该司法解释的规定对有关股东进行除名。但是在未履行部分出资义务或者抽逃部分出资的情况下，公司和股东会不能依据该司法解释对股东进行除名。

（2）公司在对未履行出资义务或抽逃全部出资的股东除名之前，应当确定合理的期限催告股东缴纳或返还出资。

公司在对未履行出资义务或抽逃全部出资的股东进行除名前，应给该股东补正的机会，即应当催告该股东在合理期间内缴纳或者返还出资。由于司法解释规定的是在合理期间内仍未缴纳或者返还出资，并未具体限定合理期限的时间，所以建议在章程中约定，如“公司股东未按时足额出资或抽逃出资，公司有权催告其依法全面履行出资义务，自催告之日起十五日内仍未缴纳或返还出资，股东会有权解除其股东资格”。

（3）公司解除未履行出资义务或抽逃全部出资股东的股东资格，应当召开股东会会议，经代表1/2以上表决权的股东通过作出决议。

关于被除名股东能否参加表决，根据权利义务一致性原则，由于被除名股东未履行出资或抽逃全部出资，其作为股东的各项权利都应受到限制，在被除名股东未履行股东义务的情况下，也不应享有股东会决议的表决权。《公司法解释（三）》第十七条中规定，股东除名权是公司为消除不履行义务的股东所产生不利影响而享有的一种法定权利，且股东会作出除名决议时，可能出现被除名股东操纵表决权的情形。所以在股东会作出除名决议时，被除名股东无表决权。

实务指南

公司章程的重要性

公司章程是公司股东自治的基本形式与实现的保障，因而股东除了可以在公司章程中约定法律规定的事项外，还可以就许多法律并未明确提及的事项进行约定。特别是由于有限责任公司具有很强的人合性特征，公司的成功很大程度上依赖于股东之间的良好沟通和协作，因此公司章程更加注重公平合理地体现全体股东的意志。

《公司法》对有限责任公司的章程有详细的强制性规范，也有很多任意性规范，比如《公司法》第二十五条规定了有限责任公司章程所应载明的事项，这些事项在章程制定过程中应当明确制定出来。同时《公司法》中的任意性规范或者法律空白的事项，在公司章程中也是可以进行约定的，比如涉及公司章程中有关股东除名的规定。

《公司法解释（三）》出台之前，有限责任公司股东除名制度在我国尚处于空白阶段，该解释第十八条虽然弥补了这一空白，但是也仅规定了“有限责任公司的股东未履行出资义务或者抽逃全部出资，经公司催告缴纳或者返还，其在合理期间内仍未缴纳或者返还出资，公司以股东会决议解除该股东的股东资格”，对于其他情况下如何处理对股东的除名，从保护公司和股东利益的角度出发，在公司章程中进行明确约定不失为一种有效途径。

公司章程不能违反法律

公司章程是公司的“宪法性”文件，在公司内部具有最高的法律效力，对公司董事、监事、高级管理人员均具有约束力，公司章程在公司中的地位就如同《宪法》在国家中的地位。另外，在处理涉及公司的法律纠纷时，如出资纠纷，股东权确认纠纷，股权转让纠纷，公司担保纠纷，董事、监事、高级管理人员职务侵权纠纷等案件，除了《公司法》之外，公司章程也是认定当事人责任的依据。因此，公司章程是规范公司运作的基本法律文件，也是审理涉及公司纠纷案件尤其是公司内部纠纷案件的依据。

《公司法》赋予了投资者较大的自由度，在许多方面允许投资者通过公司章程自由约定。但我们也注意到，很多投资者在创业之初满腔热情，认为创业伙伴之间非常团结，所有问题都能通过协商解决，而不重视公司章程的制定。

随着时间的推移，在公司的发展过程中，投资者的认知能力和心态渐渐发生变化，在某些问题上产生分歧，此时才发现公司章程并没有就相关问题作出规定，也没有规定解决投资者之间纠纷的途径，导致股东纠纷无法快速解决。悬而未决的纠纷又必然成为公司正常运作的阻碍。所以，在公司成立之初制定一份详细的公司章程十分重要。

一、有限责任公司章程的制定程序

设立有限责任公司时，其公司章程由公司投资人共同制定，由公司全体股东签字盖章，报工商登记机关。一人有限公司的章程由其股东制定，国有独资公司作为特殊类型的有限责任公司，其章程的制定具有特殊性，应当由国有资产监督管理机构制定，或由董事会制定，报国有资产监督管理机构批准，再提交到工商登记机关。

二、股份有限公司章程的制定程序

采取发起方式设立的股份公司，章程由发起人制定。但对于募集设立的股份公司而言，其章程经发起人制定后，必须召开公司创立大会讨论、审议。依照法定期限和程序召开创立大会讨论通过的公司章程提交工商登记机关。根据《公司法》规定，股份有限公司章程由发起人制定后，必须经出席会议的认股人所持表决权过半数以上通过。因此，该章程反映的是公司设立阶段的大部分股东的意志。

三、章程的修改

《公司法》规定，只有公司的权力机关有权修改公司章程。由于章程的修改涉及公司组织活动的根本规则，而且还可能涉及不同主体的利益，所以章程修改必须由公司权力机构以特别决议表决通过。《公司法》第四十三条规定，有限责任公司修改公司章程的决议，必须经代表 2/3 以上表决权的股东通过。《公司法》第一百零三条也规定，股份有限公司修改公司章程的决议，必须经出席股东大会的股东所持表决权的 2/3 以上通过。公司章程修改后，还应该及时向工商行政管理机关申请变更登记。

四、章程的基本内容

公司章程的记载事项可分为应当记载事项和任意记载事项，前者是按照《公司法》的规定必须记载在章程中的事项，后者是根据投资人自己的意愿加以记载的事项。根据《公司法》第二十五条的规定："有限责任公司章程应当载明下列事项：（一）公司名称和住所；（二）公司经营范围；（三）公司注册资本；（四）股东的姓名或者名称；（五）股东的出资方式、出资额和出资时间；（六）公司的机构及其产生办法、职权、议事规则；（七）公司法定代表人；（八）股东会会议认为需要规定的其他事项。股东应当在公司章程上签名、盖章。"

除了上述应当记载事项，公司股东还可以在公司章程中根据其自身需要约定其他事项，如某些股东应当履行的特殊义务，例如禁止同业竞争的义务，出现公司僵局时如何解决纠纷事宜等。

实务指南

《公司法》中关于公司章程可以自由约定的事项

1. 法定代表人人选

法定代表人人选，章程可以规定为董事长、执行董事或者经理，董事长并不一定是公司法定代表人。《公司法》第十三条规定："公司法定代表人依照公司章程的规定，由董事长、执行董事或者经理担任，并依法登记。"

2. 对外投资和担保权限

对外投资和担保权限，章程可以规定董事会或执行董事自行决定，无须股东会决定。《公司法》第十六条规定："公司向其他企业投资或者为他人提供担保，依照公司章程的规定，由董事会或者股东会、股东大会决议；公司章程对投资或者担保的总额及单项投资或者担保的数额有限额规定的，不得超过规定的限额。公司为公司股东或者实际控制人提供担保的，必须经股东会或者股东大会决议。前款规定的股东或者受前款规定的实际控制人支配的股东，不得参加前款规定事项的表决。该项表决由出席会议的其他股东所持表决权的过半数通过。”

3. 收取红利和认缴增资比例

收取红利和认缴增资比例，章程可以规定为不按持股比例享受红利或认缴增资数额。《公司法》第三十四条规定：“股东按照实缴的出资比例分取红利；公司新增资本时，股东有权优先按照实缴的出资比例认缴出资。但是，全体股东约定不按照出资比例分取红利或者不按照出资比例优先认缴出资的除外。”

4. 股东会职权

股东会职权，章程可以在法定职权以外，再行规定更多的职权，以缩小董事会的职权。《公司法》第三十七条规定：“股东会行使下列职权……（十一）公司章程规定的其他职权。”

5. 股东会议事规则

股东会议事规则，包括提前通知时限、召开时间、地点、表决权比例，议事方式和程序，均可以按章程规定进行，即若章程未规定，则按法定十五天的通知时限，股东亦按照出资比例行使表决权。《公司法》第四十一条规定：“召开股东会会议，应当于会议召开十五日前通知全体股东。但是，公司章程另有规定或者全体股东另有约定的除外。股东会应当对所议事项的决定作成会议记录，出席会议的股东应当在会议记录上签名。”第四十二条规定：“股东会会议由股东按照出资比例行使表决权。但是，公司章程另有规定的除外。”第四十三条规定：“股东会的议事方式和表决程序，除本法有规定的外，由公司章程规定。股东会会议作出修改公司章程、增加或者减少注册资本的决议，以及公司合并、分立、解散或者变更公司形式的决议，必须经代表三分之二以上表决权的股东通过。”

6. 董事会议事规则

董事会议事规则，包括议事方式、表决程序及董事任期，可以在章程中规定。但董事每届任期不得长于三年，董事会必须遵守一人一票。《公司法》第四十五条规定："董事任期由公司章程规定，但每届任期不得超过三年。董事任期届满，连选可以连任。"第四十八条规定："董事会的议事方式和表决程序，除本法有规定的外，由公司章程规定。董事会应当把所议事项的决定作成会议记录，出席会议的董事应当在会议记录上签名。董事会决议的表决，实行一人一票。"

7. 经理、执行董事、监事的权限

经理、执行董事、监事的职权，除了法定以外，也可以在章程中设定。《公司法》第四十九条规定："……经理对董事会负责，行使下列职权……公司章程对经理职权另有规定的，从其规定。"第五十条规定："……执行董事的职权由公司章程规定。"第五十三条规定："监事会、不设监事会的公司的监事行使下列职权……（七）公司章程规定的其他职权。"

8. 股权转让的程序和限制性条件

股权对外转让，应如何通知有优先购买权的股东，包括通知时间、通知内容等，都须在章程中进行细化。《公司法》第七十一条规定："有限责任公司的股东之间可以相互转让其全部或者部分股权。股东向股东以外的人转让股权，应当经其他股东过半数同意。股东应就其股权转让事项书面通知其他股东征求同意，其他股东自接到书面通知之日起满三十日未答复的，视为同意转让。其他股东半数以上不同意转让的，不同意的股东应当购买该转让的股权；不购买的，视为同意转让。经股东同意转让的股权，在同等条件下，其他股东有优先购买权。两个以上股东主张行使优先购买权的，协商确定各自的购买比例；协商不成的，按照转让时各自的出资比例行使优先购买权。公司章程对股权转让另有规定的，从其规定。"

9. 股权是否可以继承事宜

股权继承事宜，自然人股东死亡，合法继承人可能为多人，如何使继承人继承股东资格，须设定相应的条件和程序。《公司法》第七十五条规定：“自然人股东死亡后，其合法继承人可以继承股东资格；但是，公司章程另有规定的除外。”

企业发展的“加油站”：财务和会计是企业的核心工程

什么是法定公积金、资本公积金、任意公积金

在公司财务核算体系中，有两个概念：资本公积金和法定公积金。那么，资本公积金和法定公积金分别指的是什么？什么是任意公积金？

根据《公司法》第一百六十六条的规定："公司分配当年税后利润时，应当提取利润的百分之十列入公司的法定公积金。公司法定公积金累计额为公司注册资本的百分之五十以上的，可以不再提取。公司从税后利润中提取法定公积金后，经股东会或者股东大会决议，还可以从税后利润中提取任意公积金。"第一百六十七条规定："股份有限公司以超过股票票面金额的发行价格发行股份所得的溢价款以及国务院财政部门规定列入资本公积金的其他收入，应当列为公司资本公积金。"

一、资本公积金和法定公积金分别指的是什么

资本公积金是在公司的生产经营之外，由资本、资产本身及其他原因形成的股东权益收入。股份公司的资本公积金，主要来源于股票发行的溢价收入、资产增值、因合并而接受其他公司资产净额等。其中，股票发行溢价是上市公司最常见的资本公积金来源。

公司的法定公积金不足以弥补上一年度公司亏损的，在依照规定提取法定公积金之前，应先用当年利润弥补亏损。公司的公积金用于弥补公司的亏损，比如出现短期内不可控制的疫情导致公司无法正常生产经营，此时就可以拿出公积金

弥补亏损，正常情况下还可以扩大公司生产经营或者利用公积金增加公司资本。股份有限公司经股东大会决议将公积金转为资本时，按股东原有股份比例派送新股或者增加每股面值。但法定公积金转为资本时，所留存的该项公积金不得少于注册资本的 25%。

所以，资本公积金主要指的是公司经营之外因为资本而带来的收入，而法定公积金则是法律规定公司必须提取的资本公积金。资本公积金和法定公积金的区别主要是计提方式，股份有限公司要计提利润的 10% 作为法定公积金。

二、什么是任意公积金

经股东会或者股东大会决议，公司从税后利润中提取法定公积金后，还可以从税后利润中提取一定比例作为任意公积金。在提取法定公积金之后的利润中，根据公司自身实际情况自行确定，可以提取，也可以不提取，提取的比例也无强制性，看公司决策机关如何决定。任意公积金与法定公积金一样，可以弥补公司的亏损，扩大公司生产经营，转为增加公司注册资本。

综上所述，我国《公司法》将公司的公积金分为法定公积金、任意公积金和资本公积金。《公司法》领域的公积金目的在于作为储备金用于弥补公司的亏损、扩大公司生产经营或者转为公司资本，但资本公积金不得用于弥补公司的亏损。股东可以按出资比例向公司主张所有者权益，但股东出资后不能抽回，也不得转变为公司的债务计算利息，变相抽逃。股东向公司已缴纳的资本公积金，属于公司资产，不得请求返还。

私设会计账簿会受到什么处罚

会计账簿是由一定格式的账页组成的，以经过审核的会计凭证为依据，全面、系统、连续地记录各项经济业务的簿册。设置和登记账簿，是编制财务报表的基础，是连接会计凭证和财务报表的中间环节。

任何单位和个人在办理会计事务时对依法应当保存的会计凭证、会计账簿、财务会计报告，进行隐匿、销毁，情节严重的，均会被追究责任。涉嫌下列情形之一的，会被立案追诉。

（1）隐匿、故意销毁的会计凭证、会计账簿、财务会计报告涉及金额在五十万元以上的。

（2）依法应当向司法机关、行政机关、有关主管部门等提供，却隐匿、故意销毁或者拒不交出会计凭证、会计账簿、财务会计报告的。

（3）隐匿、故意销毁行为导致上述会计资料丧失使用价值，致使无法查阅或者查而不明、虚实难辨的。

（4）采取纵火焚毁、诬陷嫁祸等恶劣手段实施隐匿、销毁上述会计资料行为的。

（5）虽经行政处罚但仍屡教不改。

（6）其他情节严重的情形。

《中华人民共和国会计法》(下文简称《会计法》) 规定：“有下列行为之一的，由县级以上人民政府财政部门责令限期改正，可以对单位处三千元以上五万元以下的罚款；对直接负责的主管人员和其他直接责任人员，可以处二千元以上二万元以下的罚款；属于国家工作人员的，还应当由其所在单位或者有关单位依法给予行政处分：

（一）不依法设置会计账簿的；

（二）私设会计账簿的；

（三）未按照规定填制、取得原始凭证或者填制、取得的原始凭证不符合规定的；

（四）以未经审核的会计凭证为依据登记会计账簿或者登记会计账簿不符合规定的；

（五）随意变更会计处理方法的；

（六）向不同的会计资料使用者提供的财务会计报告编制依据不一致的；

（七）未按照规定使用会计记录文字或者记账本位币的；

（八）未按照规定保管会计资料，致使会计资料毁损、灭失的；

（九）未按照规定建立并实施单位内部会计监督制度，或者拒绝依法实施的监督，或者不如实提供有关会计资料及有关情况的；

（十）任用会计人员不符合本法规定的。”

有前款所列行为之一，构成犯罪的，依法追究刑事责任。会计人员有第一款所列行为之一，情节严重的，五年内不得从事会计工作。有关法律对上述所列行为的处罚另有规定的，依照有关法律的规定。

实务指南

一般纳税人做账的具体内容

一般纳税人做账的具体内容有以下几种。

（1）每个月所要做的第一件事就是根据原始凭证登记记账凭证，然后月末或定期编制科目汇总表登记总账，每发生一笔业务就根据记账凭证登记明细账。

（2）月末还要注意提取折旧、待摊费用的摊销费，若是新的企业开办费在第一个月全部转入费用，计提折旧的分录是借管理费用或是制造费用贷累计折旧，这个折旧额是根据固定资产原值、净值和使用年限计算出来的。

（3）月末编制完科目汇总表之后，编制两个分录。

第一个分录：将损益类科目的总发生额转入本年利润，借主营业务收入（投资利益，其他业务收入等）贷本年利润。

第二个分录：借本年利润贷主营业务成本（主营业务税金及附加，其他业务成本等）。

转入后如果差额在借方，则为亏损，不需要交所得税；如果在贷方，则说明盈利需交所得税。

计算方法为：

所得税＝贷方差额 × 所得税税率

要借所得税贷＝应交税金－应交所得税

在借本年利润贷所得税中，所得税虽然和利润有关，但并不是亏损一定不交，主要是看调整后的应纳税所得额是否是正数。如果是正数，就要计算所得税，同时还要注意所得税的计算方法。

（4）最后根据总账的资产、负债、所有者权益、科目的余额、编制资产负债表，根据总账或科目汇总表的损益类科目（如管理费用、主营业务成本、投资收益等）的月发生额编制利润表。

（5）最后装订凭证，写报表附注，分析情况表等。

月末结现金，银行账，一定要账证相符、账实相符。每月月初根据银行对账单做银行余额调节表，注意分析未达标项。每月报税都会有个固定的时间点，比如规定在每月的十五日前，除相关部门另有通知外，不要逾期报税，否则会对公司法定代表人和财务人员有不良影响。另外，当月开出的发票当月入账。每月分析往来的账龄和金额，包括应收、应付、其他应收。

以案说法

公司的项目经理谭某从财务部门以写收条、借条、借款单的方式，领取了120万元借款，但其并未将这些单据的款项向公司财务报销冲抵借款金额，也没将借款在规定时间内归还公司。谭某以查账为由，私自将公司的会计账簿、会计凭证等会计资料从财务处拿走并销毁。公司报案，检察院以谭某涉嫌故意销毁会计凭证、会计账簿罪将其控告至法院。

法院裁判：谭某故意销毁会计凭证、会计账簿，情节严重，已经构成故意销毁会计凭证、会计账簿罪，因此判处其有期徒刑两年，并处罚金5万元，并归还款项。

如何解决空白支票遗失被他人冒领

空白支票是出票人有意将记载事项不记载完全，授权持票人以后去补记的支票。而单位签发的，没有填写收款单位名称、没有支付日期、没有付款金额，但已经加盖了单位印章的支票，称为不记名支票。这种支票一般是在还未确定支付单位或采买金额的情况下使用，以备不时之需。支票上不用填写收款人名称，只写“付来人”。取票时持有票据的人无须在支票背后签章即可支取，该支票仅凭交付而转让。但支票一旦丢失，会给单位造成损失（谁取得了都可以在上面随意填写金额），所以，建议企业严格限制领用空白支票。

一、未盖章的空白支票丢失有什么处理方式

《中华人民共和国票据法》（下文简称《票据法》）第十五条规定：“票据丧失，失票人可以及时通知票据的付款人挂失止付，但是，未记载付款人或者无法确定付款人及其代理付款人的票据除外。收到挂失止付通知的付款人，应当暂停支付。失票人应当在通知挂失止付后三日内，也可以在票据丧失后，依法向人民法院申请公示催告，或者向人民法院提起诉讼。”需强调的是，无论采取哪种措施，均必须符合以下几个条件。

（1）必须有丧失票据的事实。即票据因丢失、遗失、被盗等原因而使票据权利人脱离其对票据的占有。

（2）失票人必须是真正的票据权利人。

（3）丧失的票据必须是未获得付款的有效票据。

二、如何解决空白支票被他人冒领

空白支票的遗失一般有两种情形：一是出票人作成空白支票，尚未填写收款人和金额就遗失，或者是支票交付给收款人，收款人在补记金额前遗失；二是支票填写了金额，还没有填写或补记收款人名称前遗失。在第一种情况下，票据欠缺“确定的金额”这一绝对应记载事项，票据无效，故不能进行挂失止付、公示催告。失票人可向人民法院申请发出止付令，强制应付款的银行停止付款。在得知第三人拾得空白支票不予返还的情况下，失票人也有权就返还票据向法院提起诉讼。失票人因票据被偷盗遗失的，可向公安机关报案，由公安机关向付款银行发出协助防范通知书，防止票款被冒领。

在第二种情况下，根据我国《票据法》第八十四条规定：“支票必须记载下列事项：（一）表明‘支票’的字样；（二）无条件支付的委托；（三）确定的金额；（四）付款人名称；（五）出票日期；（六）出票人签章。支票上未记载前款规定事项之一的，支票无效。”收款人名称不是绝对的应记载事项，支票的收款人名称未记载，票据有效，可以进行挂失止付或公示催告。在上述空白支票遗失的两种情形下，出票人不得以撤销付款委托的方式要求付款银行止付票款。

实务指南

支票挂失的相关规定

支票发生遗失，可以向付款银行申请挂失止付，但在挂失前已经支付了的，银行不予受理。按照规定，已经签发的转账支票遗失或被盗等，由于这种支票可以直接购买商品，银行不受理挂失。所以，失票人不能向银行申请挂失止付，但可以请求收款人及其开户银行协助防范。如果丧失的支票超过有效期或者挂失之前已经由付款银行支付票款的，由此所造成的一切损失，均应由失票人自行负责。所以失票人应尽快与付款方和开户银行取得联系，办理现金支票挂失手续，告诉银行现金支票号、金额等已填项目的内容。

支票挂失操作程序如下。

（1）向开户银行提交挂失止付通知书。

（2）经开户行查询支票未支付后，向法院申请催告或诉讼。

（3）向开户银行提供申请催告或诉讼的证明。

（4）开户银行收到法院的停止支付通告，完成挂失支付的程序。

上市公司在财务上有哪些要求

只有股份公司才具备上市的资格，想申请成为上市公司，公司经营必须在三年以上，在三年内没有更换过董事、高层管理人员，并且公司经营合法、符合国家法律规定。公司的注册资金无虚假出资，没有抽逃资金的现象。那么，作为上市公司，在财务上有哪些要求呢？

一、基本要求

公司资产状况良好，资产负债结构合理，盈利能力较强，现金流量正常，财务报表的编制符合企业会计准则和相关会计制度的规定。在进行会计确认、计量和报告时应当保持应有的谨慎，历年财务账册明细规范，不允许有瑕疵，经得住审查。对相同或者相似的经济业务，应选用一致的会计政策，不得有随意变动的内容。

二、盈利能力要求

主板（含中小企业板块），利润要求近三年净利润累计不少于 3000 万元；创业板有两个标准：（1）发行人最近两年连续盈利，最近两年净利润累计不少于 1000 万元，且持续增长；（2）最近一年盈利，且净利润不少于 500 万元，最近一年营业收入不少于 5000 万元，最近两年营业收入增长率均不低于 30%。

三、财务状况要求

主板（含中小企业板块）对净资产无要求，股本要求为发行前股本总额不少于 3000 万元，发行后不少于 5000 万元，最近一期期末不存在未弥补亏损，最近一期期末无形资产（扣除土地使用权、水面养殖权和采矿权等后）占净资产的比例不高于 20%；创业板对净资产的要求是发行前净资产不少于 2000 万元，发行后的股本总额不少于 3000 万元，最近一期期末不存在未弥补亏损。

四、现金流量要求

主板（含中小企业板块）要求三年经营活动产生的现金流量净额超过 5000 万元或者三年营业收入累计超过 3 亿元。创业板对经营活动产生的现金净流量无要求。

五、财务风险要求

发行人不得有下列影响持续盈利能力的情形：

（1）发行人的经营模式、产品或服务的品种结构已经或者将发生重大变化，并对发行人的持续盈利能力构成重大不利影响。

（2）发行人的行业地位或发行人所处行业的经营环境已经或者将发生重大变化，并对发行人的持续盈利能力构成重大不利影响。

（3）发行人最近一个会计年度的营业收入或净利润对关联方或者存在重大不确定性的客户有重大依赖。

（4）发行人最近一个会计年度的净利润主要来自合并财务报表范围以外的投资收益。

（5）发行人在用的商标、专利、专有技术以及特许经营权等重要资产或技术的取得或者使用存在重大不利变化的风险。

（6）其他可能对发行人持续盈利能力构成重大不利影响的情形。

实务指南

企业在国内证券市场上市前的准备工作

一般来说，企业想在国内证券市场上市，必须经历综合评估、规范重组、正式启动三个阶段，主要工作内容如下。

1. 企业上市前的综合评估

在不同的市场上市，企业应做的工作、准备的上市报告资料、走的渠道和风险程度都不一样。企业上市是一项复杂的金融工程和系统化的工作，需要专业的财务、法律等人员进行前期论证、组织实施和期后评价的过程。通过对企业的综合评估，才能尽可能地保证准备上市企业在成本和风险可控的情况下进行正确的操作。对于企业而言，要组织发动大量人员，调动各方面的力量和资源进行工作。为了上市取得成功，企业首先会全面分析上述问题，反复研究，谨慎抉择，在一切准备就绪后才会正式启动上市工作。

2. 企业内部规范重组

企业上市涉及的关键问题多达上百个，尤其在近几年的大环境下，经济形势不平稳，外在评价不稳定。很多企业存在诸多财务、税收、法律、公司治理、历史沿革、司法纠纷等历史遗留问题，无法在短期内处理完毕。因此，企业在有上市的计划前，至少提前三年做准备工作，才能达到较好的预期。在上市财务顾问的协助下有计划、有步骤地预先处理好一些问题，增强保荐人、策略股东、其他中介机构及监管层对公司的信心。

3. 正式启动上市工作

企业确定了上市目标，就开始进入实务操作阶段，该阶段主要有：选聘专业中介机构、股份改造、审计及法律调查、发行上市。由于上市工作涉及外部的五六个中介服务机构同时工作，如律师事务所、会计师事务所、资产评估公司、财务顾问、保荐人等，人员也涉及几十个，因此组织协调工作量大，需充分协调好。另外，需要特别注意的是，中介机构的选定标准要慎重，必须具备证券市场从业资格，参与上市项目的工作人员要精通证券上市业务的规定，并拥有丰富的实践经验。企业对上市准备工作的重视，可以帮助企业更加顺利地成功上市。

税收政策牵人心：税收筹划为企业减轻负担

企业税收的类别和税种有多少

税收是人类社会经济发展到一定历史阶段的产物，国家的存在和社会剩余产品是税收产生的前提。

税收根据不同的分类标准和分类方法可以划分为不同的类型。主要类型为以下六种：（1）中央税与地方税；（2）一般目的税与特定目的税；（3）内地税与关税；（4）所得税、流转税、财产税；（5）从价税与从量税；（6）价内税与价外税。

我国现行的税种共十八种，分别是：增值税、消费税、企业所得税、个人所得税、资源税、城市维护建设税、房产税、印花税、城镇土地使用税、土地增值税、车船使用税、船舶吨税、车辆购置税、关税、耕地占用税、契税、烟叶税、环保税。只有个人所得税、企业所得税、车船使用税、环保税、烟叶税和船舶吨税这六种税种是通过全国人大立法规定的，剩余的税收事项都是靠行政法规、规章和规范性文件规定的。

实务指南

有效利用税务优惠政策

有效利用税收优惠方面的政策，可以大大节省企业的运营成本。建议创业者在实务中做到以下两点。

（1）通过税务机关、税务网站、税务中介机构等多渠道获得税收优惠方面的政策信息，时刻关注税收政策动态。

（2）对于满足税务优惠政策条件的公司，应当及时与税务主管部门联系，办理税收优惠政策的各项审批手续。若条件不满足的，可以创造条件，从而获得税务优惠资格。例如，高新技术企业、部分小微企业可以获得 15% 的企业所得税优惠，那么对于从事技术开发的企业，则要考虑获得高新技术企业的认定，通过申请专利、招聘符合要求的人员等方式来达到高新技术企业认定的基本条件。

实践中，一些中介机构专门从事高新技术企业认定的辅导工作，在必要时公司可以考虑委托中介机构对企业进行辅导，以最快的速度获得认定。

什么是企业所得税

企业所得税是对我国境内的企业和其他取得收入的组织在生产经营所得和其他所得征收的一种所得税。在中华人民共和国境内，企业和其他取得收入的组织为企业所得税的纳税人。企业所得税的纳税人包括各类企业、事业单位、社会团体、民办非企业单位和从事经营活动的其他组织。但个人独资企业、合伙企业不属于企业所得税纳税义务人。

2019 年，财政部、国家税务总局推出多项企业所得税优惠政策，具体如下。

一、小型微利企业条件放宽和企业减税政策

根据《财政部税务总局关于实施小微企业普惠性税收减免政策的通知》（财税〔2019〕13 号）规定，小微企业是指从事国家非限制和禁止行业，且同时符合年度应纳税所得额不超过 300 万元、从业人数不超过 300 人、资产总额不超过 5000 万元三个条件的企业。

自 2019 年 1 月 1 日至 2021 年 12 月 31 日，对小型微利企业年应纳税所得额不超过 100 万元的部分，减按 25% 计入应纳税所得额，按 20% 的税率缴纳企业所得税；对年应纳税所得额超过 100 万元但不超过 300 万元的部分，减按 50% 计入应纳税所得额，按 20% 的税率缴纳企业所得税。

二、初创期科技型企业条件放宽

根据《财政部税务总局关于创业投资企业和天使投资个人有关税收政策的通知》(财税〔2018〕55号)和《财政部税务总局关于实施小微企业普惠性税收减免政策的通知》(财税〔2019〕13号)规定，初创期科技型企业，应同时符合以下条件。

(1)在中国境内(不包括港、澳、台地区)注册成立、实行查账征收的居民企业。

(2)接受投资时，从业人数不超过300人，其中具有大学本科以上学历的从业人数不低于30%；资产总额和年销售收入均不超过5000万元。

(3)接受投资时设立时间不超过五年(六十个月)。

(4)接受投资时以及接受投资后两年内未在境内外证券交易所上市。

(5)接受投资当年及下一纳税年度，研发费用总额占成本费用支出的比例不低于20%。

自2018年1月1日起，公司制创业投资企业采取股权投资方式直接投资于种子期、初创期科技型企业满两年的，可以按照投资额的70%在股权持有满两年的当年抵扣该公司制创业投资企业的应纳税所得额；当年不足抵扣的，可以在以后纳税年度结转抵扣。

三、文化转制企业免征企业所得税

根据《财政部国家税务总局中央宣传部关于继续实施文化体制改革中经营性文化事业单位转制为企业若干税收政策的通知》(财税〔2019〕16号)规定，自2019年1月1日至2023年12月31日，经营性文化事业单位转制为企业，自转制注册之日起五年内免征企业所得税。2018年12月31日之前已完成转制的企业，自2019年1月1日起可继续免征五年企业所得税。

四、符合条件的扶贫捐赠据实税前扣除

根据《财政部税务总局国务院扶贫办关于企业扶贫捐赠所得税税前扣除政策的公告》（财政部 税务总局 国务院扶贫办公告〔2019〕49号）规定，自2019年1月1日至2022年12月31日，企业通过公益性社会组织或者县级（含县级）以上人民政府及其组成部门和直属机构，用于目标脱贫地区的扶贫捐赠支出，准予在计算企业所得税应纳税所得额时据实扣除。在政策执行期限内，目标脱贫地区实现脱贫的，可继续适用上述政策。

五、铁路债券利息收入所得税减半征收

根据《财政部税务总局关于铁路债券利息收入所得税政策的公告》（财政部税务总局公告〔2019〕57号）规定，对企业投资者持有2019—2023年发行的铁路债券取得的利息收入，减半征收企业所得税。

六、永续债企业所得税政策明确

根据《财政部税务总局关于永续债企业所得税政策问题的公告》（财政部 税务总局公告〔2019〕64号）规定，企业发行的永续债，可以适用股息、红利企业所得税政策，即投资方取得的永续债利息收入属于股息、红利性质，按照现行企业所得税政策相关规定进行处理。其中，发行方和投资方均为居民企业的，永续债利息收入可以适用《企业所得税法》规定的居民企业之间的股息、红利等权益性投资收益免征企业所得税规定；同时发行方支付的永续债利息支出不得在企业所得税税前扣除。

企业发行符合规定条件的永续债，也可以按照债券利息适用企业所得税政策，即发行方支付的永续债利息支出准予在其企业所得税税前扣除；投资方取得的永续债利息收入应当依法纳税。

七、保险企业手续费及佣金支出税前扣除政策

根据《财政部 税务总局关于保险企业手续费及佣金支出税前扣除政策的公告》(财政部 税务总局公告〔2019〕72号)规定，保险企业发生与其经营活动有关的手续费及佣金支出，不超过当年全部保费收入扣除退保金等后余额的18%(含本数)的部分，在计算应纳税所得额时准予扣除；超过部分，允许结转以后年度扣除。

八、金融企业贷款损失准备金企业所得税税前扣除政策

《财政部 税务总局关于金融企业贷款损失准备金企业所得税税前扣除有关政策的公告》(财政部 税务总局公告〔2019〕86号)规定：

(一)金融企业准予税前提取贷款损失准备金的贷款资产范围包括：(1)贷款(含抵押、质押、保证、信用等贷款)；(2)银行卡透支、贴现、信用垫款(含银行承兑汇票垫款、信用证垫款、担保垫款等)、进出口押汇、同业拆出、应收融资租赁款等具有贷款特征的风险资产；(3)由金融企业转贷并承担对外还款责任的国外贷款，包括国际金融组织贷款、外国买方信贷、外国政府贷款、日本国际协力银行不附条件贷款和外国政府混合贷款等资产。

(二)金融企业准予当年税前扣除的贷款损失准备金计算公式如下：

准予当年税前扣除的贷款损失准备金＝本年末准予提取贷款损失准备金的贷款资产余额×1%－截至上年末已在税前扣除的贷款损失准备金的余额

金融企业按上述公式计算的数额如为负数，应当相应调增当年应纳税所得额。

应缴纳的增值税怎么算

增值税是对在中国境内从事销售货物或者提供加工、修理修配劳务，进口货物的单位和个人征收的一种税。增值税是以商品（或应税劳务）在流转过程中的增值额作为计税依据而征收的流转税。一般纳税人适用的税率有 17%、13%、11%、6% 等。其中，销售货物或者提供加工、修理修配劳务以及进口货物适用 17%，粮食、食用植物油销售等适用 13%，提供交通运输业服务适用 11%，提供现代服务业服务适用 6%。

计算方法为：

应纳税额 = 当期销项税额 − 当期进项税额

一、2019 年 4 月 1 日必须施行新税率

将现行 16% 的税率降至 13%（不限于制造业），将交通运输业、建筑业、销售不动产等行业现行 10% 的税率降至 9%，确保主要行业税负明显降低。这是一项普惠性政策，除了现行 6% 的增值税税率保持不变以外，两大高税率都有所下降。但本次国务院常务会议未确定对小规模纳税人的征收率进行调整。

二、对主营业务为邮政、电信、现代服务和生活服务业的纳税人，实行加计抵扣

按进项税额加计 10% 抵减应纳税额，政策期限截至 2021 年年底。该政策对涉及的四大行业“邮政服务、电信服务、现代服务和生活服务”可以说是意外之喜。这四大行业多为知识密集型或者人员密集型行业，人工成本相对较高，但是由于人工成本本身就是增值额的一部分，人工成本越高越不利于增值税减负。因此，这一次实行“虚拟抵扣”，以可抵扣进项税额为基础增加 10% 的额外抵扣。

三、对纳税人新增的留抵税额，按有关规定予以退还

这一政策并未说只针对部分纳税人，因此理论上是针对所有纳税人的普遍性措施，但是只针对新增的留抵税额。如何确认这个新增的期间和标准，将来会在文件中予以明确。

四、相应调整部分货物服务出口退税率、购进农产品适用的扣除率等

加大对地方转移支付，重点向中西部地区和困难县市倾斜。这一点也好理解，税率降低以及配套措施的实行，不仅影响不同纳税人之间的增值和税额分布，也影响不同地区区域的增值和税额分布，有必要充分利用财政政策进行必要调节。

企业进行纳税申报的流程和规则

《税收征收管理法》第二十五条规定："纳税人必须依照法律、行政法规规定或者税务机关依照法律、行政法规的规定确定的申报期限、申报内容如实办理纳税申报，报送纳税申报表、财务会计报表以及税务机关根据实际需要要求纳税人报送的其他纳税资料。"

申报方式包括直接到税务机关办理纳税申报，也可以按照规定采取邮寄、数据电文或者其他方式办理申报、报送事项。企业纳税申报的流程，可以通过微信关注国家政务服务平台，点击办税指南进行查询办理，该平台还涵盖了在线律师查询、公积金贷款信息、优惠办理、出口退税等方面的政务服务指导窗口。还可以关注国家税务总局和各分局的公众微信号，进行在线咨询。

一、申报增值税的流程

一般情况下，每月 10 日（如果 10 日是节假日，可顺延一天）之前到主管税务局部门申报纳税。填增值税申报表，根据纳税人类型不同，申报表也不同：如果是一般纳税人，要填一张主表和八张附表；如果是小规模纳税人，只填一张主表和一张附表。申报方式有手工申报、IC 卡申报和网上申报，手工申报和 IC 卡申报都要到税务机关进行申报，不同的是 IC 卡申报要先在企业的电脑里写卡，然后再到税务所申报。网上申报要在网上下载申报表，填好后再上传。每个企业的申报方式都不一样，如果不知道公司的申报方式，可到主管的税务机关的征收所查询。

二、企业所得税的申报

企业所得税每季度终了15日前申报。具体地说就是，4月15日（报1—3月）、7月15日（报4—6月）、10月15日（报7—9月）、下年1月15日（报上年10—12月）之前申报缴纳企业所得税，按季先预缴企业所得税（如果本季度有应缴所得税的话）在下年的4月底前对上一年的企业所得税进行汇算清缴。个人独资企业不是企业所得税的纳税人，缴个人所得税。股份制企业、有限公司（包括新的一人公司）都需要缴纳企业所得税。

三、纳税申报的方式

税务管理部门必须要建立比较健全的纳税人自行申报管理制度，自行申报的管理制度由税务机关或主管部门进行批准。对于纳税人或扣缴义务人来说，可以采取不同的方式进行申请以及上报，大多可以采用邮寄或在线数据的方式来办理相应的纳税申报管理。通过报送、代扣代缴或代收代缴等方式进行税款的上报工作。除此以外，我国还实行定期定额进行缴纳税款的方式进行纳税，对于纳税可以采用简易申报、简并征期等不同的方式来进行纳税申报的工作。

实务指南

常用的税款申报方式

在实际工作中，大多选择网上申报的方式来进行税款的申报，纳税人或是扣缴人可以在纳税申报期间到主管部门的办理大厅进行办理纳税申报。

除了这种线上和上门申报的工作以外，少数企业会采取邮寄的方式进行申报工作，纳税人在邮局办理相应的纳税申报工作，可以使用纳税的专用卖报信封，以邮局的收据为凭证进行税款申报，以寄出的时间以及实际申报的日期为基础进行上报。

税款征收主要有哪些方式

税款征收方式是指税务机关依照税法规定和纳税人生产经营、财务管理情况，按照便于征收和保证国家税款及时足额入库的原则，采取的具体组织税款入库的方法。由于纳税人的情况不同，税款征收方式也有所区别。

现行的《税收征收管理法》及实施细则仅强调了税款征收方式的原则，但未对税款征收方式有具体规定。税务机关在确定税款征收方式时，应先确定应纳税额。根据应纳税额确定方式的不同，采用不同的税款征收方式。科学合理的税款征收方式是确保税款顺利足额征收的前提条件。由于各种纳税人的具体情况不同，所以税款的征收方式也有区别。中国现阶段可供选择的税款征收方式主要有以下几种。

一、查账征收

税务机关对建账户采用查账征收方式征收税款，但针对个体会在建账初期，也可以采用查账征收与定期定额征收相结合的方式征收税款。查账征收企业所得税纳税申报应如实填写和报送下列有关资料：（1）企业所得税年度纳税申报表及其附表；（2）财务报表；（3）备案事项相关资料；（4）总机构及分支机构基本情况、分支机构征税方式、分支机构的预缴税情况；（5）委托中介机构代理纳税申报的，应出具双方签订的代理合同，并附送中介机构出具的包括纳税调整的项目、原因、依据、计算过程、调整金额等内容的报告；（6）涉及关联方业务往来的，同时报送《中华人民共和国企业年度关联业务往来报告表》；（7）主管税务机关要求报送的其他有关资料。纳税人采用电子方式办理企业所得税年度纳税申报的，应按照有关规定保存有关资料或附报纸质纳税申报资料。

二、定期定额征收

定期定额征收，是指税务机关根据纳税人的生产经营情况，按税法规定直接核定其应纳税额，分期征收税款的一种征收方式。一般主要适用于一些没有记账能力、无法查实其销售收入或经营收入和所得额的个体工商户。税务机关依照法律行政法规及本办法的规定，对个体工商户在一定经营地点、一定经营时期、一定经营范围内的应纳税经营额（包括经营数量）或所得额（以下简称定额）进行核定。

三、自核自缴

自核自缴只限于经县、市税务机关批准的财务会计制度健全，账册齐全准确，依法纳税意识较强的大中型企业和部分事业单位。自核自缴，指纳税人在规定的期限内依照税法的规定自行计算应纳税额，自行填开税款缴纳书，自己直接到税务机关指定的银行缴纳税款。

四、代扣代缴、代收代缴

代扣代缴、代收代缴，是指依照税法规定负有代扣代缴、代收代缴税款义务的单位和个人，按照税法规定对纳税人应当缴纳的税款进行扣缴或代缴的征收方式。代缴义务人应当向其机构所在地或居住地的主管税务机关申报缴纳扣缴的税款。企业所得税的基本税率为25%，自2019年1月1日至2021年12月31日，对小型微利企业年应纳税所得额不超过100万元的部分，减按25%计入应纳税所得额，按20%的税率缴纳企业所得税；对年应纳税所得额超过100万元但不超过 300 万元的部分，减按 50% 计入应纳税所得额，按 20% 的税率缴纳企业所得税。对国家需要重点扶持的高新技术企业，对经认定的技术先进型服务企业，对设在横琴新区、平潭综合实验区和前海深港现代服务业合作区的鼓励类产业，按 15% 的税率征收企业所得税。未在中国境内设立机构、场所的，或者虽设立机构、场所但取得的所得与其所设机构、场所没有实际联系的非居民企业，应当就其来源于中国境内的所得缴纳企业所得税，适用税率为 20%。非居民企业取得《中华人民共和国企业所得税法》第二十七条第五项规定的所得，减按 10% 的税率征收企业所得税。

五、委托征收

委托征收，是指税务机关委托有关单位或个人代为征收税款的征收方式。这种方式主要适用于一些零星、小额、分散难以管理的税收。

税收检查及涉税法律责任

纳税人有接受税务机关依法进行税务检查的义务，应主动配合税务机关按法定程序进行的税务检查，如实地向税务机关反映自己的生产经营情况和执行财务制度的情况，并按有关规定提供报表和资料，不得隐瞒和弄虚作假，不能阻挠税务机关的检查和监督。保证税收收入足额入库，有利于帮助纳税人正确对待税收，为社会做贡献，完善自身经营促使其加强经济核算，提高经济效益。那么，违规违法纳税可能会承担什么法律责任呢？

一、公司涉税行政责任

（一）关于税收违法行为

1. 违法税务管理的税务违法行为

根据税收征管法及其实施细则，违反税务管理的税务违法行为，主要包括：不按规定办理、使用税务登记证；违反账簿、凭证、账号管理；不按规定安装、使用税控装置；违反发票管理；不按规定期限办理申报；非法印制、使用完税凭证；阻挠税务检查；不按规定协助税务工作。主要表现如下。

（1）纳税人未按规定期限申报办理税务登记、变更或注销登记；未按规定办理税务登记证件验证或换证手续；未按规定使用税务登记证件，或者转借、涂改、损毁、买卖、伪造税务登记证件。

（2）纳税人未按规定设置、保管账簿或者保管记账凭证和有关资料；未按规定将财务、会计制度或者财务、会计处理办法和会计核算软件报送税务机关备查；未按规定将其全部银行账号向税务机关报告；或者扣缴义务人未按规定设置、保管代扣代缴、代收代缴税款账簿或者保管代扣代缴、代收代缴税款记账凭证及有关资料。

（3）该税务违法行为是指未按规定要求安装、使用税控装置，包括损毁或擅自改动税控装置。

（4）非法印制发票；未按规定印制发票或生产发票防伪专用品；未按规定领购、开具、取得、保管发票；或者未按规定接受税务机关对发票的检查；非法携带、邮寄、运输或者存放空白发票；倒买倒卖发票；以及私自制作发票监制章、发票防伪专用品。

（5）纳税人未按规定期限办理纳税申报和报送纳税资料；扣缴义务人未按规定期限向税务机关报送代扣代缴、代收代缴税款报告表和有关资料。

（6）非法印制、使用完税凭证。包括非法印制、转借、倒卖、变造或者伪造完税凭证。

（7）纳税人、扣缴义务人逃避、拒绝或者以其他方式阻碍税务机关检查。

（8）纳税人、扣缴义务人的开户银行或者其他金融机构拒绝接受税务机关依法检查纳税人、扣缴义务人存款账户；拒绝执行税务机关作出的冻结存款或者扣缴税款的决定；接到税务机关书面通知后帮助纳税人、扣缴义务人转移存款；不按规定在纳税人账户中登录税务登记证号码，或者不按规定在税务登记证中登录纳税人账户账号的，以及有关单位拒绝税务机关按规定到车站、码头、机场、邮政企业及其分支机构检查纳税人的情况。

2. 妨害税款征收的税务违法行为

根据税收征管法及其实施细则，妨害税款征收的税务违法行为主要包括逃税，不缴或者少缴税款，应扣未扣、应收不收税款，编造虚假计税依据，不申报纳税，逃避追缴欠税，骗税，抗税，因违法行为导致他人未缴、少缴或者骗取税款。具体内容如下。

（1）逃税，是指纳税人伪造、变造、隐匿、擅自销毁账簿、记账凭证，或者在账簿上多列支出或者不列、少列收入，或者经税务机关通知申报而拒不申报，或者进行虚假的纳税申报，不缴或者少缴应纳税款的。扣缴义务人采取上列手段不缴或者少缴已扣、已收税款的，也是偷税。

（2）不缴或者少缴税款，是指纳税人、扣缴义务人在规定期限内不缴或者少缴应纳或者应缴的税款。

（3）应扣未扣、应收不收税款，是指扣缴义务人应扣未扣、应收不收的税款。

（4）编造虚假计税依据，是指纳税人、扣缴义务人编造虚假计税依据。

（5）不申报纳税，是指纳税人不进行纳税申报，不缴或者少缴应纳税款。

（6）逃避追缴欠税，是指纳税人欠缴应纳税款，采取转移或者隐匿财产的手段，妨碍税务机关追缴其欠缴的税款。

（7）骗税，是指以假报出口或者其他欺骗手段，骗取国家出口退税款。

（8）抗税，是指以暴力、威胁方法拒不缴纳税款。

（9）因违法行为导致他人未缴、少缴或者骗取税款，包括为纳税人、扣缴义务人非法提供银行账户、发票、证明或者其他方便，导致未缴、少缴税款或者骗取国家出口退税款；违反发票管理法规，导致其他单位或个人未缴、少缴或骗取税款；以及税务代理人违反税收法律、行政法规，造成纳税人未缴或者少缴税款。

（二）税务行政处罚

纳税人、扣缴义务人以及其他税务行政相对人在税收征收管理过程中实施了税收违法行为的，由税务机关依法追究其行政责任，依法给予行政处罚。税务行政处罚的种类主要为罚款、没收违法所得、停止出口退税权三类。

（1）罚款是最主要的处罚措施，适用于所有的税收违法行为。根据违法行为对税收征管的损害程度，法律上设定不同的罚款力度。违反税收管理的税务违法行为，情节严重的，必须处以罚款；非属情节严重的，则可以处也可以不处罚款。妨害税款征收的税务违法行为，较违反税收管理行为性质严重，除个别情况外，法律上均要求必须处以罚款，罚款幅度基本上设定为不缴或者少缴的税款

50% 以上一倍以下。

（2）没收违法所得适用于有违法所得的税收违法行为。主要是违反发票管理的行为，不法分子通过非法印制、使用、倒买倒卖发票，非法生产、制作发票防伪专用品等手段谋取非法利益。

（3）停止出口退税权适用于骗税行为。享有出口退税权的企业，以假报出口或者其他欺骗手段，骗取国家出口退税款的，税务机关可以在规定期间内停止为其办理出口退税。

（三）税收强制执行措施有哪些

当事人逾期不履行行政处罚决定的，作出行政处罚决定的行政机关可以采取下列措施：（1）到期不缴纳罚款的，每日按罚款数额的 3% 加处罚款；（2）根据法律规定，将查封、扣押的财物拍卖或者将冻结的存款划拨抵缴罚款；（3）申请人民法院强制执行。从事生产经营的纳税人、扣缴义务人未按照规定的期限缴纳或者解缴税款，纳税担保人未按照规定的期限缴纳所担保的税款，由税务机关责令限期缴纳，逾期仍未缴纳的，经县以上税务局（分局）局长批准，税务机关可以采取下列强制执行措施：（1）书面通知其开户银行或者其他金融机构从其存款中扣缴税款；（2）扣押、查封、依法拍卖或者变卖其价值相当于应纳税款的商品、货物或者其他财产，以拍卖或者变卖所得抵缴税款。

二、公司涉税刑事责任

（1）根据现行《刑法》规定，纳税人、扣缴义务人以及其他税务行政相对人如实施了妨害税款征收的税务违法行为，或者违反发票管理规定，情节严重，构成犯罪的，应当根据《刑法》追究相关当事人的刑事责任。妨害税款征收的犯罪，主要包括逃税、抗税、逃避追缴欠税和骗取出口退税。对危害税收征管罪的刑罚，包括管制、拘役、有期徒刑、无期徒刑以及罚金和没收财产。

其中虚开增值税专用发票罪、虚开用于骗取出口退税罪、抵扣税款发票罪，以及伪造、出售伪造的增值税专用发票罪、骗取出口退税罪、非法出售增值税专用发票罪的最高刑罚是无期徒刑。

（2）妨害发票管理的犯罪，主要是妨害增值税专用发票管理的犯罪，是我国危害税收征管罪的重要内容。首先是虚开增值税专用发票，虚开用于骗取出口退税、抵扣税款的发票。其次是伪造、非法出售、非法购买增值税专用发票，出售、购买伪造的增值税专用发票，非法制造、出售用于骗取出口退税、抵扣税款的其他发票。非法出售用于骗取出口退税、抵扣税款的其他发票。最后是非法出售、非法制造普通发票。

对于涉嫌危害税收征管犯罪的税收违法行为，税务机关可以依法先行给予行政处罚。经人民法院审判构成犯罪并判处罚金时，税务机关已经给予当事人罚款的，应当折抵罚金。在刑事处罚中，税款追缴优先。因犯逃税罪、抗税罪、逃避追缴欠税罪、骗取出口退税罪、虚开增值税专用发票或者虚开用于骗取出口退税、抵扣税款的其他发票罪，被判处罚金、没收财产的，在执行前，应当先由税务机关追缴税款和所骗取的出口退税款。

实务指南

公司税收优惠办税指南

依法享受各税种减免税的纳税人，依照法律、行政法规的规定向主管税务机关提出减免税书面申请，经审核批准后享受减免税优惠。公司认为其经营业务符合法定的减免税条件的，可随时向税务机关提出减免税申请。经主管税务机关批准后，方可享受减免税优惠政策。

1. 公司向税务机关提出减免税申请应提交的资料

公司向税务机关提出减免税申请的，应当按照税务机关的要求填写《纳税人减免税申请审批表》，并向税务机关提交如下资料。

（1）《税务登记证》（副本）。

（2）有关部门颁发的认定证书或批准文书或批复文件。

（3）纳税人与减免税税种有关的业务资料、技术标准、人员情况等。

（4）税务机关要求提供的其他资料。

2. 税务机关办理程序

（1）审核纳税人出示的证件是否合法、真实、有效。

（2）审核纳税人申请的减免税项目是否属于需要由税务机关审查后执行的，不需要的当及时告知纳税人不受理。

（3）审核《纳税人减免税申请审批表》填写是否完整准确，印章是否齐全，与所附资料是否一致。

（4）审核纳税人提供的有关部门颁发的认定证书或批准文书或批复文件与申请的减免期限是否相符。

（5）审核纳税人申请的减免事项（减免方式、减免额度、减免幅度、减免期限）是否符合相关政策规定。

（6）对申请材料的内容进行实地核实，核查是否一致。

3. 税务机关的审批业务事项

税务机关办理减免税审批业务，根据如下情况办理审批事项：属于县、区级税务机关负责审批的减免税事项，应当自受理之日起二十个工作日内作出审批决定；属于地市级税务机关负责审批的减免税事项，应当自受理之日起三十个工作日内作出审批决定；属于省级税务机关负责审批的减免税事项，应当自受理之日起六十个工作日内作出审批决定。在规定期限内不能作出决定的，经本级税务机关负责人批准，可以延长十个工作日，并将延长期限的理由告知纳税人。

针对纳税人提供资料完整、填写内容准确、各项手续齐全、符合减免税条件的，税务机关应当自作出减免税决定之日起十个工作日内制作《纳税人减免税申请审批表》，加盖公章后送达纳税人。

对外合作的桥梁：合同管理消除不稳定因素

企业合同管理的核心内容及作用

为加强公司合同管理，避免或降低合同签订、履行过程中的风险，提高公司经营效益，就合同管理机构设置、合同文本的使用、合同档案的保存、合同订立前的调查、合同谈判、合同条款的把握以及合同履行的监管等内容所确定的企业内部行为规范，称为合同管理制度。

一、合同管理制度的核心内容

合同管理制度属于企业的内部风险控制制度，是企业的自我防范行为。各个企业的合同管理制度根据经营管理的不同而存在差异，但核心都应当包括以下几个方面的内容。

（1）合同基本管理制度，该部分内容是为了明确合同管理的部门人员设置、合同用印规范、标准文本的使用、合同档案制度等。

（2）合同签订前的管理制度，要求公司在签订合同前进行必要的调查，并在签订前履行公司内部的审批手续。

（3）合同订立制度，主要包括合同订立过程中谈判策略、条款的把握等，确保能够签订的合同有利于公司。

（4）合同履行管理制度，主要是合同履行过程中的跟进以及发现对方违约时的处理方式等。

二、合同管理制度的作用

越来越多的创业者已经认识到合同管理制度的重要性，企业合同管理制度的建立并不意味着只制定一份书面的制度性文件即可，重要的是公司经理层以及各职能部门应当具有合同管理意识，严格按照合同管理制度执行。另外，合同管理制度是一种公司内部管理制度，对外不具有法律效力。也就是说，公司不能因合同签订未遵守公司内部合同管理制度为由，对外否认已签订合同的效力。如果员工违反内部合同管理制度，公司只能依据该制度对员工进行处罚。

实务指南

如何进行较为完善的合同管理

1. 内部合同管理机构

负责合同管理的是公司内部法律事务部门。该部门对公司总经理或者财务总监负责。合同管理部门主要有以下职责。

（1）按照国家相关法律法规，根据业务需求拟定具体的合同管理制度，在公司董事会批准后组织实施。

（2）配合业务部门参与合同谈判，负责公司拟签订合同的审核，从法律的角度把握签约标准，发现问题，提示风险，一般由公司业务部门及法务人员完成。

（3）起草公司内部标准合同版本。

（4）负责定期追踪各业务部门重大合同的履行情况，汇总公司合同执行总体情况，并就存在的问题提出相应建议。

（5）当公司出现合同纠纷时，配合业务部门进行处理，及时采取法律措施，防止风险进一步扩大化。

（6）负责公司合同文本的登记归档工作。

（7）负责公司内部合同管理制度的培训，增强员工的合同管理意识。对于一些规模较小的公司，单独设立法律事务部门成本较高，此时公司可以安排财务人员或者行政管理人员或聘请外部律师作为法律顾问，兼职代理合同管理事务。

2. 外部合同管理机构

除了前述内部法律事务部门之外，还包括其他与合同相关的部门。

（1）公司业务部门，例如采购部门、业务部门，负责合同内容的具体谈判与订立，交易相对方的资格审查、确定合同中的商务条款、合同签订后跟进合同履行状况、发现异常时及时汇报。

（2）合同决定部门，通常而言，公司法律事务部门仅就合同中的法律条款提出修改意见，合同中的商务条款需要业务部门确认，但最终合同签订与否需要由有权部门决定，这个有权部门就是合同决定部门。不同规模的公司，其合同决定部门会有很大的差异，小微企业可能直接由控制公司日常运营的控股股东或其代表决定是否签订某个合同。而规模稍大的公司则会根据内部授权机制确定其相应的合同决定部门，比如，对于日常运营合同，一般由公司总经理、副总经理、业务总监审批，具体审核权限可根据合同金额以及合同类别确定；对于超过一定金额的合同以及特殊类的合同（如担保、投资、财产赠予等），则必须由董事会进行审批；如果合同内容尤其重大，就要提交股东会决定。

（3）公司财务部门，负责合同金额核实以及配合业务部门跟进合同履行过程中的收付款情况，定期催讨合同未付款项。

（4）印章管理部门，负责合同签订时用印的监督工作，确保每一份合同在加盖公司印章之前均得到了法律事务部门的审核，并最终由公司合同决定部门进行了确认。

总之，公司的合同管理制度要想顺利运转，必须得到公司最高层的重视，以及合同管理部门、业务部门、财务部门等各部门的全力配合。合同签订需要加盖公司的印章。就合同上需要加盖的印章而言，可以是公司的公章，也可以是公司的合同专用章，两者都可以表示公司对合同内容的认可，公司愿意按照合同条款承担相应的义务与责任。

合同专用印章的刻制与使用

公司公章的刻制需要到公安部门备案，随意性较小；但是对于合同专用章的刻制，法律还没有特别限制。合同专用章同样具有重要作用，是公司意思表示的重要证据，因此公司在刻制合同专用章时应当履行严格的内部管理程序。

一、合同印章的使用

无论是公司公章还是合同专用章，使用之前均需履行批准与登记手续。业务人员在合同上加盖印章时，应填写用印申请单，在用印之前必须取得公司审核部门的批准用印决定。

作为印章管理人员，应当熟悉公司的审批权限，不但需要核实用印申请是否得到审核部门的同意，还要进一步核实审核人员是否有权进行该项审核。如果印章管理人员发现用印异常，应及时向公司总经理报告用印时需要进行详细的登记，包括用印日期、合同编号、批准人、申请人等。

二、合同专用章的作废

当合同专用章作废时，应当发布停用告知，并指定法律部门或档案管理部门封存，在一定期限后再销毁。若公司的印章（包括但不限于公章、合同专用章）遗失或被盗，公司应当及时报警，同时登报声明印章遗失作废。

因此，建议合同专用章的刻制必须得到公司法定代表人的批准，公司的部门经理甚至除法定代表人之外的其他高级管理人员均无权批准刻制合同专用章。为了明确合同专用章的使用范围与程序，建议公司启用新刻制的合同专用章时，由公司法定代表人或总经理发布启用通知文件，告知全体员工该合同专用章的启用时间、使用范围、该印章的管理部门以及用印的流程，最后还应当附上印模。

实务指南

印章使用常识

严格执行以下印章使用常识以有效规避风险。

（1）公司应禁止使用空白合同，印章管理人员在用印时必须核对合同内容是否全面，合同金额以及其他重要内容是否填写完整。

（2）用印时应当由印章管理人员操作，不能将印章交由用印申请人自行使用，更不允许带离印章管理人员控制范围；若因特殊情况需要带离公司范围，必须得到公司总经理的确认，同时应两人以上同行。

（3）多页的合同盖章时，不但要在尾页署名处盖章，还要加盖骑缝章，防止部分合同内容被更换。

（4）很多情况下合同的附件往往包含了一些特别的商业条款或技术条款，其严重程度甚至可能超过合同正文，因此合同的附件也应当由双方签章。

（5）合同中打印内容如需修改或补充，应当在手写的文字旁签章。

（6）在尚未建立信任关系前，应尽可能要求交易对方先签章，在对方签章之前，不要轻易将己方已经签章完毕的合同交给对方。

印章管理制度对于企业而言是一项重要的制度，同时也反映了一个公司的管理水平。若企业员工可以随意使用公司印章且使用时无任何登记，更有甚者，公司员工可以将公司印章随意带出公司，老板不知道公司刻制过合同章，这样的企业发生经营风险的概率将非常高。很多民营企业印章使用混乱，一定要引起重视。可以看出公司印章管理制度的健全与否是企业管理制度健全与否的重要体现。

合同示范文本的建立与使用

公司在经营过程中应建立合同示范文本库，对常用的合同进行标准化、格式化，该操作模式不但可以在很大程度上降低合同风险，还可以减少合同管理人员审查合同的工作负担。合同示范文本的建立应当注意以下几点内容。

一、应当基于公司的业务需求

公司应当针对不同的业务需求制定不同类型的合同。以生产型企业为例，需要制定的标准合同通常包括通用零部件采购合同、采购订单、模具采购合同、委托加工合同、技术服务合同、运输服务合同、办公用品采购合同、车辆租赁合同、销售合同、质量保证协议等。而对于咨询服务类企业，可制定的标准合同通常包括咨询服务协议、办公用品采购合同等。

二、应当防止公司制定的格式合同被认定为无效

（一）格式合同的定义与特点

我国《民法典》第四百九十六条规定："格式条款是当事人为了重复使用而预先拟定，并在订立合同时未与对方协商的条款。

采用格式条款订立合同的，提供格式条款的一方应当遵循公平原则确定当事人之间的权利和义务，并采取合理的方式提示对方注意免除或者减轻其责任等与对方有重大利害关系的条款，按照对方的要求，对该条款予以说明。提供格式条

款的一方未履行提示或者说明义务，致使对方没有注意或者理解与其有重大利害关系的条款的，对方可以主张该条款不成为合同的内容。”

格式合同也称为标准合同、制式合同等，业务量大且相近的企业多有采用。我们需要区分公司制定的合同示范文本是否属于格式合同，如果是向不特定公众发出的，同时该合同文本是不可修改的，则属于格式合同。例如，保险公司制定的保险合同，电信公司制定的手机入网合同等；如果该示范文本仅仅是参考文本，在后续签订过程中可以就部分条款协商，则不会被认定为格式合同。

（二）格式合同中的无效条款

如果公司拟制定的合同符合格式合同认定条件，则需要注意，按照《民法典》第四百九十七条规定：“有下列情形之一的，该格式条款无效：

（一）具有本法第一编第六章第三节和本法第五百零六条规定的无效情形；

（二）提供格式条款一方不合理地免除或者减轻其责任、加重对方责任、限制对方主要权利；

（三）提供格式条款一方排除对方主要权利。”

例如，某创业者经营一家户外拓展活动的公司，该公司制定的户外活动合作合同中约定，户外活动中所有风险均由参与人自行承担，户外拓展公司不会因户外活动风险而承担任何法律责任。一旦发生人身伤害，若户外拓展公司以该条款为由进行抗辩，其抗辩理由将难以成立，因为该合同条款将被认定为无效条款。

实务指南

如何正确使用格式合同

为了避免格式合同被认定为无效条款，公司应当对格式条款中免除或者限制其责任的内容进行审阅、评估，在合同订立时采用足以引起对方注意的文字、符号、字体（比如加黑加粗、特别提示）等特别标识，并对该格式条款予以说明。很多政府部门曾制定过合同示范文本，例如房屋租赁合同、旅游合同、专利许可合同。这些示范合同文本相对较为公平，公司可以考虑将其纳入公司示范文本库。但需要注意的是，这些文本条款往往比较简单，公司需要根据业务的具体情况加以修改、补充，而不能简单地、不加修改地直接使用，不然出现纠纷无法解释相应条款的真实意思表示。

合同档案制度

合同档案制度包括两个方面：一方面是对合同签订、履行情况进行的登记，我们称之为合同信息登记制度，实践中也有人称之为合同台账制度；另一方面是合同档案保存制度。

一、合同信息登记制度

公司应当建立合同信息的登记制度，即登记合同的签订情况，包括合同的种类、合同号、合同涉及标的额、订立合同的日期、履行期限等主要合同内容，同时应定期跟进合同履行情况，并根据最新信息进行记录。合同信息登记制度能够定期、及时地了解合同签订、履行情况，对公司的运营决策具有重要参考价值。

二、合同档案保存制度

合同档案是合同双方履行合同的依据，也是维护正常商业活动的基础。一旦交易对方违反约定，则必须依照合同内容以及交易记录等证据追究对方的违约责任，档案证据的保留尤为重要。合同档案通常包括以下几种。

（1）合同文本。

（2）合同订立过程中取得的文件，如意向书、项目建议书、招投标文件、授权委托文件，谈判过程中的会议纪要等。

（3）合同履行过程中形成的文件，如货物运输证明、交付证明、验收合格通知、催款通知、转账记录、售后服务记录等。

（4）合同变更文件，如补充协议等。

（5）与合同解除、协商往来信件，如对方的违约事实证明文件、诉讼法律文件等。对于上述文件，应当归类进行保管，保管期限建议在十年以上。

实务指南

公司合同管理人员的任用事项

1. 公司聘用的合同管理人员应专职、专业、长期稳定

鉴于合同管理的重要性，对于规模达到一定程度的公司，应尽量建立专职的合同管理人员。由于合同管理是一项非常专业的事务，无论是合同的审查还是后续合同纠纷的处理，都需要法律专业知识。因此，合同管理人员必须具有法律专业知识，但仅仅具备法律专业知识还不够，还应当熟悉企业的内部运作流程、公司产品信息、公司的质量管理体系等一系列情况。这方面的信息需要公司对合同管理人员进行长期、专业的培训。

2. 聘请外部律师管理合同也是一个不错的选择

公司可以考虑聘请律师事务所作为企业的常年法律顾问，对于小规模的公司而言，常年法律顾问提供的咨询、合同审查服务在一定程度上可以替代公司内部法律事务人员的职能；对于规模较大的公司，聘请经验丰富的律师可以处理企业重大法律事项，分担企业内部法律事务人员的工作负担。

如何订立一份优质的合同

《民法典》第四百七十一条规定："当事人订立合同，可以采取要约、承诺方式或者其他方式。"因此，要约和承诺是合同订立的方式，也是合同订立的两个阶段，其结果是合同成立。合同成立的其他方式，主要是指格式条款和悬赏广告等。

一、要约

要约是希望订立合同的意思表示，要约的成立有以下两个条件。

（1）内容具体明确，要约不能含混不清，应当明明白白。也就是说，要约必须有足以使合同成立的必备条款，例如当事人的名称、住所、标的、数量、质量、价格或者报酬履行期限、地点和方式、违约责任、解决争议的方法等。

（2）具有表明一经对方承诺，要约人即接受要约的约束。一般来说，一方提出一个要约，上面不会写"如果你承诺，合同就成立"的字眼。但要注意，如果交给他人一张购买货物的函件或订单，内容又比较详细，有标的、数量、价格等，则应视为对方一经承诺，就愿意接受约束。要约的生效时间为到达受要约人时。

二、承诺

（一）承诺的内容要求

承诺是受要约人同意要约的意思表示。承诺的内容应当与要约的内容一致，要约的内容没有作出实质性变更。什么叫实质性变更？通常而言，标的、数量、质量、价格或者报酬、履行期限、履行地点和方式、违约责任和解决争议的方法等变更，均为实质性变更。如果发生实质性变更，则该承诺将被视为新的要约，实践中称之为“反要约”。

（二）承诺的方式

承诺的方式分为两种。一是通知，包括口头和书面形式回复，明确表示接受。二是默示。默示构成承诺需要满足一定的条件，例如以下两点。

（1）要约表明可以通过实际行为作出承诺。如某客户向公司发函要求购买某产品，价格为 5000 元，购买 20 个，并声称如在一个月内能够将该批产品送至该客户所在地，则无须公司再回函确认。

（2）按交易习惯确定。例如，双方已经建立了长期的交易关系，按照习惯，只要交易对方发出订单，则公司无须回复，直接供货即可。

（三）承诺的撤回与生效

承诺也可以撤回，但承诺撤回的通知应先于承诺通知到达或同时到达要约人。承诺的生效时间为承诺通知到达要约人时。

三、合同的成立

（一）合同成立的时间

合同成立的时间是由实际生效的时间所决定的。也就是说，承诺在何时生效，当事人就应当在何时受合同关系的拘束，享受合同上的权利和承担合同上的义务。由于我国《民法典》中的合同篇章采取到达生效主义，因此承诺生效的时间以承诺到达要约人的时间为准，即承诺于何时到达要约人，则承诺便在何时生效。

然而，在确定承诺的生效时间时，以下几点事项需要注意。

（1）采用数据电文形式订立合同的，如果要约人指定了特定系统接收数据电文的，则受要约人承诺的数据电文进入该特定系统的时间，视为到达时间；未指定特定系统的，该数据电文进入要约人的任何系统的首次时间，视为到达时间。

（2）以直接对话方式作出承诺，应以收到承诺通知的时间为承诺生效时间；如果承诺不需要通知的，则受要约人可根据交易习惯或者要约的要求以行为的方式作出承诺，实施承诺的行为之时，应视为承诺的生效时间。

（3）如果合同必须以书面形式订立，则应以最后一方在合同书上签字或盖章的时间作为承诺生效时间。

（4）如果合同必须经批准或登记才能成立，则应以批准或登记的时间为承诺生效时间。

（二）合同成立的地点

通常而言，合同成立时的地点即为合同成立的地点，而承诺生效时合同即成立。因此，原则上承诺生效的地点为合同成立的地点。另外，根据《民法典》第一百三十七条规定：“以非对话方式作出的意思表示，到达相对人时生效。以非对话方式作出的采用数据电文形式的意思表示，相对人指定特定系统接收数据电文的，该数据电文进入该特定系统时生效；未指定特定系统的，相对人知道或者应当知道该数据电文进入其系统时生效。当事人对采用数据电文形式的意思表示的生效时间另有约定的，按照其约定。”

实务指南

签定合同的注意事项

在日常生活中，很多企业在拟定合同时没有注意到内在的细节，从而很容易导致纠纷的发生。那么，签订合同时应注意什么事项呢？

1. 注意合同名称与合同内容是否一致

企业一般会聘请专业律师起草合同使用的统一文本，但在使用各类文本时应要掌握基本的合同性质，避免出现张冠李戴的情形。例如，需要签订一份加工承揽合同，但员工使用购销合同的文本仅将合同中甲、乙双方的名字进行了替换，在合同审批时有些负责人疏于检查，导致合同名称与合同内容不一致，所以签约前要仔细检查合同条款。

2. 注意列明每项商品的单价

有些企业在购销合同中，标的是多类商品，却只在合同中明确各类商品的总价款，而不确定具体每种商品的单价，一旦合同部分履行后发生争议，就难以确定尚未履行的部分商品的价款，故一定要细致确认。

3. 在合同中明确违约金和赔偿金的计算方法

法律虽然规定一方违约，另一方可以向其追索违约金和赔偿金，但如果合同中没有明确违约金的数额，法院就会视为双方当时放弃违约金权利，而不予支持。对赔偿金计算方法作出明确约定，有利于以后发生争议后迅速确定赔偿金额。还需注意的是，赔偿金或违约金的金额一般不超过合同总金额的30%。

4. 确定管辖法院

在合同中明确管辖法院。根据《民事诉讼法》有关规定，合同的双方当事人可以在书面合同中约定被告住所地、合同履行地、合同签订地、原告住所地、标的物所在地人民法院管辖，但不得违反诉讼法中对级别管辖和专属管辖的规定。在签订合同时，双方一般比较容易达成一致意见，如果事先确定了管辖法院，就不必在以后为争管辖法院而耽误时间了。

5. 签约对象的主体资格

当前经营单位的性质、种类、背景比较复杂，有关部门的管理不到位现象比较普遍。在此情况下，为防范欺诈行为，减少交易风险，非常有必要考虑交易对方的主体资格、履行合同能力、信用情况等。可通过天眼查、企查查等软件对签约公司的资信等情况进行审查。侧重查看对方的营业执照和企业参加年检的证明资料。不能仅凭其名片、介绍信、工作证、公章、授权书、营业执照复印件等就充分信任对方，有的企业因连续三年不参加年检而被工商部门吊销营业执照，不能因一时疏忽，给公司带来损失。

6. 合同条款必须对等

合同是当事人之间设立、变更、终止权利义务的协议。法律规定当事人应当遵循公平原则确定各方的权利、义务，一方享受权利，必须承担义务，合同条款的对等性是公平原则的重要内容。不要签义务多、责任重、权利少这类一边倒的合同，例如合同只规定我方违约要如何处理，而无对方违约如何处理的内容。同样，也不要签订权利多、义务少、责任轻的合同，否则另一方可能以该合同违背公平原则对合同的有效性提出抗辩。

7. 仲裁机构名称要写具体、明确

有的合同在约定仲裁事项时，只是笼统地写一旦发生纠纷，在甲方（或乙方）所在地仲裁部门解决。这样的仲裁条款只是约定了仲裁地点，而对仲裁机构没有约定，实际上不具有任何法律效力。根据《仲裁法》的规定，当事人在订立仲裁协议或约定仲裁条款时，应当选定仲裁委员会。所以对仲裁机构必须写具体的名称，如石家庄市仲裁委员会、北京市仲裁委员会。如果没有写具体名称，发生纠纷后只能由当事人协商签订补充协议予以明确，协商不成，原仲裁协议或合同仲裁条款无效，由人民法院管辖。

如何变更合同

合同的变更，是指依法成立的合同尚未履行或未完全履行之前，合作双方或多方就其内容进行修改或补充而达成的协议。可能变更履行的期限、地点、方式或者价款等。

一、合同变更的原因

（一）协商一致变更合同

合同各方可通过协商一致的方式就合同履行的条件进行变更，这是实践中常见的变更合同的情形。

（二）因情势发生变更导致原合同的履行显失公平而进行的变更

情势变更是指合同有效成立后，因不可归责于双方当事人的原因导致合同的基础发生重大变化或丧失的客观情况，继续履行原合同将显失公平，或者没有意义，或者将会造成重大损失。情势变更与不可抗力较为相似，但是属于不同的法律概念。不可抗力是指合同订立时不能预见、不能避免并不能克服的客观情况，比如自然灾害（如台风、冰雹）、政府行为（如征收、征用）、社会异常事件（如罢工、疫情）等；而情势变更是指不可抗力之外，非当事人能够控制的客观情况，发生情势变更的，则可以变更合同。

（三）因不可抗力使合同不能履行而变更

发生不可抗力，并致使合同部分不能履行的情况下，遭受不可抗力一方可以请求变更合同，如要求延迟交付；如果全部不能履行，则只能解除合同。

（四）因一方违约导致合同变更

一方违反合同约定，则守约方可以直接要求解除合同，也可以要求变更合同，继续履行协商一致变更的合同。

二、合同变更的程序

无论是协商变更还是法定变更，提出变更的一方均应当以书面方式提出变更申请，双方可就变更内容进行协商，最终达成一致意见后签订书面的变更合同。因法定原因导致一方提出变更，另外一方若不同意，提出变更要求的一方还可依法请求法院或仲裁机构确认变更该合同。合同变更必须签订书面的变更协议书，由各方签字盖章确认。

实务指南

合同变更协议书范本

合同号：

甲方：

乙方：

甲乙双方于　　年　　月　　日签订了（XXX购销合同）（合同编号：　　，下称“原合同”）。由于　　原因，甲乙双方经过平等协商，在真实、充分地表达各自意愿的基础上，对原合同内容作出如下变更，并由双方共同遵守：

1.原合同条款：

现修改为：

2.原合同条款：

现修改为：

3.删除原合同条款：

4.生效及其他。本协议是原合同不可分割的组成部分，与原合同具有同等法律效力。除本协议变更的内容外，原合同中的其他条款仍然适用，对双方有约束力。

本协议自双方签字盖章之日起生效，一式　　份，双方各执　　份，具有同等法律效力。

甲方：

（盖章）

法定代表人：

签字：

地址：

邮政编码：

经办人：

电话：

开户银行：

账号：

年　　月　　日

乙方：

（盖章）

法定代表人：

签字：

地址：

邮政编码：

经办人：

电话：

开户银行：

账号：

年　　月　　日

提示：范本有风险，使用需谨慎，法律是经验性极强的领域，范本无法思考和涵盖全面，最好找专业律师起草或审核后使用。

如何将合同转让

合同转让按照权利义务的不同，可以分为合同权利的转让、合同义务的转让及合同权利义务的概括转让三种。是合同当事人一方依法将其在合同项下的权利或者义务全部或部分转让给第三人，由第三人享有合同权利或者承担合同义务。

合同转让必须具备如下条件，方为有效。

（1）必须有合法有效的合同关系存在，在合同不存在、无效或者已经被解除等情况下所发生的转让行为是无效的。

（2）合同的转让应当符合法律规定的程序。由于合同权利义务转让涉及原合同相对方的利益，所以必须通知原合同的相对方或者征求其同意。另外，对于法律法规规定需经批准的合同，转让时应当经过批准。违背上述法律程序的转让是无效的。

（3）合同转让必须经让与人与受让人达成书面协议。

（4）合同转让必须合法并且不得违背社会公共利益。需要提醒的是，合同转让并不改变原合同的权利义务内容，只是发生合同主体的变化。

一、合同权利的转让

合同权利的转让，是指合同权利人通过协议将其全部或者部分债权转让给第三人的行为。例如，A 公司长期销售产品给某汽车维修店，汽车维修店仍欠 A 公司一笔款项，现 A 公司打算注销，在注销之前，A 公司将其对汽车维修店的债权转让给关联企业，让关联企业追该欠款，这就是典型的合同债权的转让。

《民法典》第五百四十六条规定："债权人转让债权，未通知债务人的，该转让对债务人不发生效力。债权转让的通知不得撤销，但是经受让人同意的除外。"请注意，债权转让行为仅需通知债务人即可，不需要获得债务人的同意。另外，当合同债权转让完成后，受让人便可向债务人主张权利，而债务人对原债权人的抗辩权亦可对受让人行使。同样以上述情况为例，若A公司将其债权转让给关联企业，必须将该转让事宜通知汽车维修店，若汽车维修店认为原来交付的产品存在质量问题，该抗辩理由同样可以向该关联企业主张。

二、合同义务的转让

合同义务的转让又称为债务承担，是指在不改变合同的前提下，债务人与第三人订立转让合同义务的协议，将合同义务全部或者部分转移给第三人承担的法律行为，由第三人承担相应的合同义务。

需要特别提醒的是，债务人将合同的义务全部或者部分转移给第三人的，必须获得债权人的同意并签署相关协议。若债权人不同意，该合同义务转让行为无效。

三、合同权利义务的概括转让

合同权利义务的概括转让，是指合同当事人一方将其合同权利义务一并转移给第三人，由第三人概括地继受这些权利义务，是合同当事人的彻底变更，原有当事人退出合同关系，新的第三人进入合同关系之中。除法定情形外，应当征得合同相对方的同意，并签署书面协议。法定的合同权利义务的概括转让情形，是指当公司发生合并、分立的时候，必然会发生合同权利义务的概括转让。公司合并时，由合并后的新公司行使原公司所有合同权利，履行合同义务。当公司分立成两家公司时，除原公司与债务人另有约定外，分立后的两家公司应对原合同的权利和义务享有连带债权，承担连带债务。

综上可知，合同权利的转让只需通知债务人即可，合同义务的转让则需要取得债权人的书面同意。但是如果法律、行政法规规定转让权利或者转移义务应当办理批准、登记等手续的，则只有依照该规定办理批准、登记后方可生效。

实务指南

保留合同权利、义务转让时的证据，防止风险发生

当发生合同权利或义务转让时，公司必须具备相应的证据意识，以避免事后发生争议。当公司将债权转让给第三方时，务必通知债务人并保留已通知的证据，例如以邮政快递的形式寄送通知函，并保留通知的复印件以及快递的寄送凭证，第三方需要承接公司的合同义务时，应当取得债权人的确认书，或者由公司、债权人以及第三人共同签订关于合同义务变更的协议，从而表明债权人同意该转让行为。

如何解除合同

一、公司可解除合同的情形

按照《民法典》的规定，合同解除可分为约定解除与法定解除两种，前者指合同中约定的解除条件就是依照先前的约定解除合同或者双方在合同履行过程中协商一致解除合同；后者指合同履行过程中，一方当事人依照法律的规定解除合同。

我国《民法典》第五百六十三条规定："有下列情形之一的，当事人可以解除合同：

（一）因不可抗力致使不能实现合同目的；

（二）在履行期限届满前，当事人一方明确表示或者以自己的行为表明不履行主要债务；

（三）当事人一方迟延履行主要债务，经催告后在合理期限内仍未履行；

（四）当事人一方迟延履行债务或者有其他违约行为致使不能实现合同目的；

（五）法律规定的其他情形。

以持续履行的债务为内容的不定期合同，当事人可以随时解除合同，但是应当在合理期限之前通知对方。"

在出现法定解除事由的情形下，拥有解除权的一方当事人可以单方面行使解除权，而无须和对方协商一致，即当事人可以解除，也可以决定不解除而继续履行。是否解除，由享有解除权的当事人根据实际情况自行作出判断。

二、解除合同的程序

除非协商一致解除合同，公司想单方面解除合同，无论是依照协议约定解除还是依法解除，都需要通知合同相对方，并说明解除理由。原合同的订立经过政府主管部门批准、登记的，此合同的解除同样需要办理批准、登记手续。另外，如果合同有担保的，解除合同时还需要通知担保人。需要注意的是，合同自解除通知到达对方时即解除。对方如有异议，可以请求人民法院或者仲裁机构确认解除合同的效力。

在实践中，很多公司因为不同意对方解除合同的理由而完全不理会对方的解除通知函，致使丧失诉讼权利；有些公司以回函、协商等方式提出交涉，也没有依照法律规定请求人民法院或者仲裁机构确认解除合同的效力，同样丧失诉讼权利。正确的做法是及时与对方沟通，争取达成谅解，如果不能在一定期限内达成谅解，则应当依照法律规定请求人民法院或者仲裁机构确认解除合同的效力。

三、合同解除的后果

合同解除的法律后果是使合同关系消灭，原合同不再履行。但是，对于合同解除以前的债权债务关系如何处理，我国《民法典》第五百六十六条承认合同的解除可以产生溯及既往的效果，即已经履行的可以要求恢复原状或采取其他补救措施，例如要求承担违约金或者要求赔偿损失。合同解除并不影响合同解除方依照约定以及法律规定追究违约方责任的权利。如果合同已经约定了违约金，可以直接适用违约金条款；如果没有约定违约金，但一方却因合同相对方的过错遭受了损害，该方仍有权主张赔偿损失。

实务指南

相对人未催告，合同解除权的行使期限如何确定?

《民法典》第五百六十四条规定："法律规定或者当事人约定解除权行使期限，期限届满当事人不行使的，该权利消灭。法律没有规定或者当事人没有约定解除权行使期限，自解除权人知道或者应当知道解除事由之日起一年内不行使，或者经对方催告后在合理期限内不行使的，该权利消灭。"

该规定表明：合同解除权行使的除斥期间既可以由法律规定，也可以由当事人约定。法律没有规定或当事人没有约定的，则解除权人应该在相对人催告后的合理期限内行使。然而，对于法律没有规定或当事人没有约定合同解除权行使期限且相对人又没有催告的情况下，其解除权人的解除权行使期限该如何确定，能否一直存续无限期随时行使，由人民法院结合具体案情予以认定。

合同相对方未按照《民法典》第五百六十四条进行催告，那解除权人就可以随时行使解除权，也不受到期限限制，因为既然合同相对方没有进行催告解除合同，表明其不想也不愿意解除合同。这时解除权的行使期限完全由享有解除权的一方自由选择，对方享有对解除权的异议权，此时的合同双方都享有决定解除权行使期限的权利和机会，并相互制约。

如果解除权相对人不催告解除权人行使权利，解除权人享有解除权，但应对解除权人解除合同的行使期限进行约束，所以建议在制定合同时要注意关于合同解除的条款。

违约责任的追究

一、违约行为的类型

在合同履行过程中，常见的违约行为有以下几种。

（一）拒绝履行

我国《民法典》第五百七十八条规定："当事人一方明确表示或者以自己的行为表明不履行合同义务的，对方可以在履行期限届满前请求其承担违约责任。"我们将前述行为称为拒绝履行的行为，该拒绝履行的行为又可细分为明确毁约与默认毁约。前者指的是违约方明确表示不再履行合同，后者指的是以自己的行为表示将不再履行合同。常见的默认毁约的行为还包括经营状况严重恶化、转移财产、抽逃资金，以逃避债务等。

（二）不适当履行

不适当履行指的是当事人履行合同义务不符合约定，履行具有瑕疵，我们又可以称之为瑕疵履行。我国《民法典》第五百八十二条规定："履行不符合约定的，应当按照当事人的约定承担违约责任。对违约责任没有约定或者约定不明确，依据本法第五百一十条的规定仍不能确定的，受损害方根据标的的性质以及损失的大小，可以合理选择请求对方承担修理、重作、更换、退货、减少价款或者报酬等违约责任。"换句话说，在不适当履行的情况下，守约方可以依照合同约定要求违约方承担违约责任，若没有约定，可以选择多种救济措施。

（三）延迟履行

延迟履行指的是延期履行合同义务。首先合同中应当约定合同履行期限，若无约定，则可以随时通知对方履行，但应当给对方一定的准备时间。若对方仍不履行，则可以解除合同，同时在延迟履行的情况下，守约方可以依照合同约定主张违约金，若没有约定，则可以主张损害赔偿。

（四）部分履行

部分履行指的是履行了一部分，但履行不完全的情况。在这种情况下，除非守约方能够证明部分履行行为构成根本违约，合同目的无法实现，否则一般不能解除合同，但可以依照约定主张违约金，若没有约定，则可以主张损害赔偿。

二、违约责任的具体形式

根据《民法典》的规定，常见的承担违约责任的方式有以下几种。

（一）继续履行

继续履行也称强制实际履行，是指违约方根据对方当事人的请求继续履行合同规定的义务。如果是金钱债务，则可以直接适用继续履行；如果是非金钱债务，原则上可以请求继续履行。但法律上或者事实上不能履行的情况除外。

（二）损失赔偿

《民法典》第五百八十三条规定：“当事人一方不履行合同义务或者履行合同义务不符合约定的，在履行义务或者采取补救措施后，对方还有其他损失的，应当赔偿损失。”第五百八十四条规定：“当事人一方不履行合同义务或者履行合同义务不符合约定，造成对方损失的，损失赔偿额应当相当于因违约所造成的损失，包括合同履行后可以获得的利益；但是，不得超过违约一方订立合同时预见到或者应当预见到的因违约可能造成的损失。”赔偿范围一般包括：对方订立合同所支出的必要费用，因相信合同能适当履行而做准备所支出的必要费用，合同解除后因恢复原状而发生的损害，因不履行合同而产生的可得利益的损失，但不能超过违反合同一方订立合同时预见到或者应当预见到的因违反合同可能造成的损失。

（三）支付违约金

《民法典》第五百八十五条规定："当事人可以约定一方违约时应当根据违约情况向对方支付一定数额的违约金，也可以约定因违约产生的损失赔偿额的计算方法。约定的违约金低于造成的损失的，人民法院或者仲裁机构可以根据当事人的请求予以增加；约定的违约金过分高于造成的损失的，人民法院或者仲裁机构可以根据当事人的请求予以适当减少。当事人就迟延履行约定违约金的，违约方支付违约金后，还应当履行债务。"

（四）承担定金责任

定金既是合同担保的形式之一，也是违约方承担违约责任的形式之一。在合同履行的过程中，给付定金的一方不履行约定的债务的，无权要求返还定金；收受定金的一方不履行约定的债务的，应当双倍返还定金。

（五）采取补救措施

采取补救措施是指通过违约方的弥补，使得合同能够继续履行的措施，如在买卖合同中，若产品质量不合格，补救措施可以包括修理、更换、退货、减少价款等；又如在提供服务的合同中，若客户对服务不满意，补救措施可以是重新提供服务、补充提供服务等。

得民心者得天下：
以人为本，保障劳动者的权益

劳动合同：连接企业和员工的纽带

劳动合同是确立公司与员工权利义务的基本文件。按照《劳动合同法》的规定，劳动合同条款分为必备条款与约定条款，其中必备条款不可少，但就公司而言，约定条款同样具有非常重要的意义。公司应根据自身的需要合理制定劳动合同条款，尤其对特殊劳动者，需要根据其特殊性另行约定条款。

一、劳动合同中的必备条款与约定条款

（一）劳动合同中的必备条款

《劳动合同法》第十七条规定："劳动合同应当具备以下条款：用人单位的名称、住所和法定代表人或者主要负责人；劳动者的姓名、住址和居民身份证或者其他有效身份证件号码；劳动合同期限；工作内容和工作地点；工作时间和休息休假；劳动报酬；社会保险；劳动保护、劳动条件和职业危害防护；法律、法规规定应当纳入劳动合同的其他事项。"前述条款都属于劳动合同必备条款，如果合同中缺少这些条款，并不会导致合同全部无效，但是按照《劳动合同法》第八十一条的规定："公司提供的劳动合同文本未载明本法规定的劳动合同必备条款或者公司未将劳动合同文本交付员工的，由劳动行政部门责令改正；给员工造成损害的，应当承担赔偿责任。"所以，公司在设计劳动合同条款时，必须写入必备条款内容。

（二）劳动合同中的约定条款

除了前述必备条款之外，公司可以出于对自身权利的保护，在劳动合同中加入约定条款，这些条款并非强制性的条款，但对于保护公司利益而言却有着至关重要的作用，国家在法律上侧重保护弱势群体，如出现职工拒绝用人单位为其缴纳保险的案例也时有发生，所以可以对例如试用期的约定、专业技术培训、保守秘密义务、员工承诺与保证等问题进行约定。

二、劳动合同期限条款的约定

劳动合同期限分为三种类型：固定期限、无固定期限、以完成一定工作任务为期限。

（一）固定期限劳动合同

固定期限劳动合同是最常见的劳动合同，在合同期限到来时，公司可以选择不再续签劳动合同，因此对于公司而言多了一个选择权。但是在一些情况下，公司不可以与员工签订固定期限劳动合同，而只能签订无固定期限劳动合同。

固定期限劳动合同最短期限为三个月，没有最长的限制。实践中一年期、三年期、五年期劳动合同最常见。

（二）无固定期限劳动合同

按照《劳动合同法》第十四条的规定："无固定期限劳动合同，是指用人单位与劳动者约定无确定终止时间的劳动合同。"这种合同只有开始日期，没有终止日期，长期有效。《劳动合同法》为鼓励公司建立稳定的劳动合同关系，规定除了双方协商一致可签订无固定期限劳动合同之外，在下列情形下，除非员工提出订立固定期限劳动合同，否则应当订立无固定期限劳动合同。

（1）员工在该公司连续工作满十年的。

（2）公司初次实行劳动合同制度或者国有企业改制重新订立劳动合同时，员工在该公司连续工作满十年且距法定退休年龄不足十年的。

（3）连续订立二次固定期限劳动合同，第三次签订劳动合同的。

（4）实际用工超过一年未签订书面劳动合同的。

（三）以完成一定工作任务为期限的劳动合同

以完成一定工作任务为期限的劳动合同，是指用人单位与劳动者约定以某项工作的完成为合同期限的劳动合同。该类合同仍属于有期限的劳动合同，只是期限不在一个固定的期间，而是以完成一个工作任务为标准，工作任务完成，合同终止。

实务指南

未及时续约可能被要求承担未签劳动合同的不利法律后果

我国《劳动合同法》规定，建立劳动关系后，公司超过一个月不与劳动者签订劳动合同的，应向劳动者支付双倍工资。入职后不签署劳动合同需要承担责任的不利后果已经被企业所熟知，但是很多创业者会疏忽大意，在原合同到期后，如需继续用工，应续签或者重新签订书面劳动合同，否则一旦出现纠纷，可能会面临被责令支付双倍工资的风险。

怎样确定合适的劳动合同期限？

劳动合同期限不应采取一种方式，而需要根据职位的特点加以区分，技术含量高、具有保密要求或者职位重要的岗位可采用无固定期限劳动合同，以增强员工的归属感。而工作完成后无其他工作安排的，应当签订以完成一定工作任务为期限的劳动合同；对于固定期限劳动合同的具体期限，也需要合理设置新入职的员工较短的劳动合同期限，例如签一年至两年，若员工能力强，则第二次续签时可以延长期限，例如两年以上。

不签劳动合同，企业会有什么后果？

建立劳动关系应当订立书面劳动合同。对于已建立劳动关系、未订立劳动合同的，应当自用工之日起一个月内订立书面劳动合同。如果已经与劳动者建立劳动关系，但迟迟不订立劳动合同，那企业会有什么后果呢？

用人单位没有和劳动者订立书面劳动合同是违反《劳动合同法》的，劳动者当然可以主张法律法规规定的相关补偿金和赔偿金。劳动关系就是你为用人单位提供劳动，遵守规则，用人单位给你报酬，提供工作条件。为了维护劳动者的合法权益，法律法规对这种情形做出了明确的规定，国务院还发出了专门的通知。

《劳动法》规定，公司未签订劳动合同，劳动者可以要求用人单位从第二个月开始支付双倍工资。《中华人民共和国劳动合同法》第八十二条的规定：“用人单位自用工之日起超过一个月不满一年未与劳动者订立书面劳动合同的，应当向劳动者每月支付二倍的工资。用人单位违反本法规定不与劳动者订立无固定期限劳动合同的，自应当订立无固定期限劳动合同之日起向劳动者每月支付二倍的工资。”公司未与劳动者签订劳动合同，将依法支付双倍的工资；公司未为劳动者购买社保，劳动者可以依法解除劳动合同，并要求公司补缴；公司若违法解除劳动合同，将承担双倍的经济补偿金。

所以书面的劳动合同是证明单位和劳动者之间存在合法劳动关系的有效凭证，同时也能对当事人的合法权益作出保障。而不管是用人单位还是劳动者不签劳动合同的，此时自己的利益都有可能受到损害，出现纠纷后存在举证不能的法律风险。

《员工手册》是否具有法律效力

一、制定《员工手册》的事项

2021年1月1日起施行的《最高人民法院关于审理劳动争议案件适用法律问题的解释（一）》第五十条规定："用人单位根据劳动合同法第四条规定，通过民主程序制定的规章制度，不违反国家法律、行政法规及政策规定，并已向劳动者公示的，可以作为确定双方权利义务的依据。用人单位制定的内部规章制度与集体合同或者劳动合同约定的内容不一致，劳动者请求优先适用合同约定的，人民法院应予支持。"这条规定确定了《员工手册》的制定或修改有效，确定了三条原则：一是需要通过民主程序制定，二是不违反国家法律、行政法规及政策规定，三是已向劳动者公示。

公司《员工手册》制定需要注意哪些问题，怎么制定《员工手册》才能保证《员工手册》有效呢?

《劳动合同法》第四条规定："用人单位在制定直接涉及劳动者切身利益的规章制度或者重大事项时，应当经职工代表大会或者全体职工讨论，提出方案和意见，与工会或者职工代表平等协商确定。用人单位应当将直接涉及劳动者切身利益的规章制度和重大事项决定公示，或告知劳动者。"

根据以上规定，如履行了公司制定或修改《员工手册》的程序，则《员工手册》有效。从法律层面上来讲，一般经过上述程序后，并没有规定员工必须签字。但建议企业或公司最好让劳动者在《员工手册》上签字确认。企业在用工方面，在系统规范地制定《员工手册》等规章制度时，应注意使其受到法律保护。

二、《员工手册》公示风险的有效防范

中小企业为避免和防止《员工手册》的公示风险，必须采取有效措施。

第一，要将《员工手册》公布在企业的会议室、办公大堂或公告栏内。

第二，将《员工手册》公布在企业的内部网站上，员工皆可以通过公司网站进行查询、查看，或者将《员工手册》通过电子邮件向每一名员工送达。

第三，员工应聘入职时，公司将《员工手册》和劳动合同等一并交付给员工，由员工签字确认。

还有，员工应聘入职时，对员工进行任职前培训，培训内容包括对《员工手册》内容的培训。在培训时，应聘员工都要登记，要签到，培训结束时，对员工进行考试，答卷上要签字。

实务指南

员工手册范本（适用于公司类企业）

第一章 总则

第一条 本手册为增强员工自律意识、规范工作行为而制定。

第二条 每位员工均应认真学习、贯彻执行，维护公司声誉和形象。

第三条 公司员工应发扬“诚实、守信、创造、发展”的公司精神，形成“团结、紧张、严肃、活泼”的八字方针，为公司的可持续发展而努力。

第四条 本手册解释权属公司。

第二章　细则

第五条　工作时间：

1. 公司实行每周四十小时工作制。

2. 公司员工严格实行上下班打卡制度。

3. 员工因公外出必须得到主管部门领导的许可，并在公示牌上写明去向。

第六条　请病、事假规定：

1. 员工因病不能坚持工作的，应及时向主管部门领导请假，并持医院的病假证明到人力资源部办理病假手续。

2. 员工如需请事假，须事先提出书面申请，说明理由及预计缺勤天数，并由部门主管领导经理审核签字，到人力资源部办理请假手续。

3. 员工事假连续 2 天（含 2 天），由部门经审核签字报总经理批准。

4. 员工因特殊情况，确实不能事先办理请假手续的，应在事后说明理由，并立即补办手续。

5. 请病、事假以半天为基本单位。

第七条　加班及调休：

加班时间以半天为基本单位。根据工作需要，由公司安排加班。加班处理按国家规定处理。

第八条　带薪假期按国家有关规定办理。

第九条　员工应遵守事项：

1. 心胸坦荡，诚实信用，精诚团结，相互合作。

2. 工作时间严守工作岗位，专心工作，不串岗，不闲聊。

3. 忠诚公司，服从领导，勤奋工作，言行要体现公司的良好形象。

4. 员工有责任和权利向公司高层领导提出合理化建议和情况汇报。

5. 员工工作时间应按公司制度要求衣着整洁，举止大方，言语文明。

6. 待客礼貌，热情周到。

7. 办公文明，保持办公环境整洁有序。

8. 员工有以下情况，必须立即向部门经理及管理部报告：

（1）姓名变更。

（2）身份证换领。

（3）住处或电话变更。

第十条　禁止事项：

1. 欺骗公司和同事的行为。

2. 泄露公司机密，歪曲事实散布流言蜚语，以公司的名义在外招摇撞骗。

3. 工作懈怠，违反工作规定，无正当理由不服从上级指示越权行事。独断专行，无事生非，扰乱工作秩序。

4. 未经许可，在工作时间接见私人来客，或带私客在公司活动。

5. 在工作时间做与业务无关的事情。

6. 未经许可，从事其他职业。

7. 利用公司设施进行与公司无关的活动，侵占、挪用公司财产。

8. 假借职权营私舞弊。

9. 携带危险品、违禁品或与业务无关的物品进入工作场所。

第十一条　安全保卫制度

1. 员工应视公司的安全保卫工作为己任。

2. 办公室严禁吸烟。

3. 遇火灾隐患应及时清除。

4. 严禁违反操作规定使用各种仪器、电器。

5. 下班后文件、纸张等易燃物不应放在桌面上，应放入箱、柜内，并将柜门关闭。

6. 各办公室下班后切断电源，关闭水源，并将窗户紧闭。

7. 最后离开办公室的员工应对本办公室做最后的安全检查，最后离开公司的员工应对公司做最后的安全检查。

8. 公司员工应养成良好的卫生习惯，随时保持办公环境的整洁卫生。

第十二条　员工因过失或故意违纪给公司造成经济损失和不良影响的，要追究违纪者的责任，给予处罚、赔偿或者辞退，公司保留追究其法律责任的权利。

辞退员工必须依法进行

辞退员工，不论是对企业还是对员工，都是一个沉重的话题，要深思熟虑后作出决定。辞退员工时处理不当，很容易引发劳动纠纷，会对公司正常营运产生不利影响。

一、违法辞退员工的表现

劳动合同解除是指劳动合同订立后，尚未全部履行前，由于某种原因导致劳动合同一方或双方当事人提前消灭劳动关系的一种法律行为。劳动合同解除事关重大，因此《劳动法》对其条件和程序作出了严格的规定，用人单位辞退员工必须要遵守严格的法律条件和法律程序，不能说辞就辞。不正确的辞退有很多情形，最严重的就是违法辞退。违法辞退主要表现为：（1）辞退员工事实依据不充分；（2）辞退员工法律依据不正确；（3）辞退员工操作程序不合法。这三种辞退方式，往往会给公司的经营管理带来涉诉法律风险。

二、依法解除劳动合同的情况

根据现行《劳动法》的规定，解除劳动合同可分为以下三种情况。

（一）双方协议解除劳动合同

《劳动法》第二十四条规定："劳动合同当事人协商一致，可以解除劳动合同。"在此种情况下，不问解除的事由，只要双方协商一致，即可解除劳动合同。

（二）用人单位单方解除劳动合同

（1）用人单位随时解除劳动合同。《劳动法》第二十五条规定：“劳动者有下列情形之一的，用人单位可以解除劳动合同：（一）在试用期间被证明不符合录用条件的；（二）严重违反劳动纪律或者用人单位规章制度的；（三）严重失职，营私舞弊，对用人单位利益造成重大损害的；（四）被依法追究刑事责任的。”

（2）根据《劳动法》规定，发生下列情况，用人单位需要提前三十天书面通知劳动者本人才可以解除劳动合同。

劳动者患病或者非因工负伤，医疗期满后，不能从事原工作也不能从事由用人单位另行安排的工作的；劳动者不能胜任工作，经过培训后调整工作岗位，仍不能胜任工作的；劳动合同订立时所依据的客观情况发生重大变化，致使原劳动合同无法履行，经当事人协商不能就变更劳动合同达成协议的。用人单位根据上述情况解除劳动合同的，需要向劳动者支付经济补偿金。

（3）经济性裁员。根据《劳动法》规定，用人单位濒临破产进行法定整顿期间或者生产经营状况发生严重困难，用人单位提前三十日向工会或者全体职工说明情况，听取工会或者职工的意见，经向劳动行政部门报告后，可以裁减人员。用人单位根据上述情况解除劳动合同的，需要向劳动者支付经济补偿金。

（三）劳动者单方解除劳动合同

（1）劳动者随时解除劳动合同。《劳动法》第三十二条规定：“有下列情形之一的，劳动者可以随时通知用人单位解除劳动合同：（一）在试用期内的；（二）用人单位以暴力、威胁或者非法限制人身自由的手段强迫劳动的；（三）用人单位未按照劳动合同约定支付劳动报酬或者提供劳动条件的。”

（2）没有法定事由，劳动者需要提前三十天以书面形式通知用人单位才能解除劳动合同。

除以上情形外，用人单位不得与员工随意解除劳动合同。而用人单位辞退员工主要依据以上规定。

三、正确辞退员工的事项

从实际发生的案例来看，双方协商解除劳动合同一般问题不大，辞退员工问题主要发生在用人单位单方解除劳动合同时。如何做到正确辞退员工呢？主要应注意以下问题。

（1）试用期内不得随意辞退员工。要正确辞退试用期内的员工，把握“不符合录用条件”的原则。用人单位首先要证明单位是否有“录用条件”，同时还得证明该员工不符合录用条件。不知何为录用条件，或无法证明该录用条件就贸然辞退试用期内的员工，是用人单位在实践中的错误做法。维权意识强的员工有权要求恢复劳动关系，此时公司往往会在管理上陷入难堪的境地。

（2）辞退有过错的员工应有事实依据和制度依据。对于违纪的员工，用人单位并非可以一概辞退。《劳动法》规定必须是严重违纪的员工，用人单位方可辞退。因此，何谓严重违纪，对于用人单位而言就至关重要了。用人单位在《员工手册》或者规章制度中最好对严重违纪的情形有明确规定，并且注意保留员工严重违纪的事实依据。员工严重失职，营私舞弊，对用人单位利益造成重大损害的，单位也可随时辞退，但同样要注意举证尤其是对何谓“重大损害”的举证问题。

（3）辞退无过错的员工要提前通知员工和支付经济补偿金。辞退无过错的员工仅限以下情形：劳动者患病或者非因工负伤，医疗期满后，不能从事原工作，也不能从事由用人单位另行安排的工作的；劳动者不能胜任工作，经过培训后调整工作岗位，仍不能胜任工作的；劳动合同订立时所依据的客观情况发生重大变化，致使原劳动合同无法履行，经与当事人协商不能就变更劳动合同达成协议的。辞退无过错的员工要提前三十天书面通知员工本人，并根据其工作年限支付经济补偿金。

（4）经济性裁员必须符合法定条件并履行法定程序。所谓经济性裁员，是指用人单位濒临破产进行法定整顿期间或生产经营状况发生严重困难，为改善生产经营状况而辞退大量员工。经济性裁员是用人单位克服经营困难的内在需要的通常做法，法律予以允许。但是，裁员同时也涉及被裁劳动者的合法权益。

因此，为保障用人单位与劳动者双方合法权益的有效平衡，法律对用人单位经济性裁员作了一些适度的限制：可以进行经济性裁员的用人单位必须是濒临破产，被人民法院宣告进入法定整顿期间或生产经营发生严重困难，达到当地政府规定的严重困难企业标准，确需裁减人员的企业。

（5）辞退员工的特殊限制根据《劳动法》第二十九条的规定："劳动者有下列情形之一的，用人单位不得依据本法第二十六条、第二十七条的规定解除劳动合同：（一）患职业病或者因工负伤并被确认丧失或者部分丧失劳动能力的；（二）患病或者负伤，在规定的医疗期内的；（三）女职工在孕期、产期、哺乳期内的；（四）法律、行政法规规定的其他情形。"

也就是说，对于具备上述情形之一的员工，除非其有严重违纪等过错的，否则用人单位不得辞退。

（6）用人单位辞退员工时，还应注意一个通知工会的程序问题。《中华人民共和国工会法》第二十一条规定："企业、事业单位处分职工，工会认为不适当的，有权提出意见。企业单方面解除职工劳动合同时，应当事先将理由通知工会，工会认为企业违反法律、法规和有关合同，要求重新研究处理时，企业应当研究工会的意见，并将处理结果书面通知工会。职工认为企业侵犯其劳动权益而申请劳动争议仲裁或者向人民法院提起诉讼的，工会应当给予支持和帮助。"对用人单位来说，在辞退员工时，务必要注意合法性的问题，即辞退员工时一定要保证证据确凿、依据充分、程序合法。由于法律规定辞退员工的举证责任完全在于用人单位一方，因此证据确凿是用人单位合法解除合同的基础，在此基础之上，还要有相关的法律法规政策和内部规章制度作为法律依据，这是用人单位合法辞退员工的关键。

同时，在辞退员工时还应注意程序问题，如提前通知期限问题、书面的通知形式问题以及工会的预先告知问题等。

实务指南

企业辞退员工的处理方式

辞退员工不是一件简单的事情，处理得好，和平“分手”，员工理解公司的决定；处理得不好，大家法庭上见。以下几点是企业辞退员工的处理方式。

1. 选择适当劝退的时机

一般而言，在招聘旺季劝退比在招聘淡季劝退更容易让员工接受，因为这些员工有较多的机会再去选择。

2. 给予事假或者带薪休假的缓冲期

提前办好离职手续，给员工一个月的缓冲期，缓冲期内不用上班，工资照发，让员工去寻找工作。

3. 是否有别的公司需要

根据员工的职位，问一下其他公司人力经理有没有相关职位的人员招聘，如果有，可以推荐给对方。

从法律层面解读加班问题

一、加班费发放规定

《劳动法》第四十四条规定："有下列情形之一的，用人单位应当按照下列标准支付高于劳动者正常工作时间工资的工资报酬：

（一）安排劳动者延长工作时间的，支付不低于工资的百分之一百五十的工资报酬；

（二）休息日安排劳动者工作又不能安排补休的，支付不低于工资的百分之二百的工资报酬；

（三）法定休假日安排劳动者工作的，支付不低于工资的百分之三百的工资报酬。"

《劳动法》第九十一条规定："用人单位有下列侵害劳动者合法权益情形之一的，由劳动行政部门责令支付劳动者的工资报酬、经济补偿，并可以责令支付赔偿金：

（一）克扣或者无故拖欠劳动者工资的；

（二）拒不支付劳动者延长工作时间工资报酬的；

（三）低于当地最低工资标准支付劳动者工资的；

（四）解除劳动合同后，未依照本法规定给予劳动者经济补偿的。"

二、加班费的计算基数如何确定

（1）劳动合同明确约定工资数额的，应当以劳动合同约定的工资作为加班费计算基准。应当注意的是，如果劳动合同的工资项目分为“基本工资”“岗位工资”“职务工资”等，应当以各项工资的总和作为基数计发加班费，不能以“基本工资”“岗位工资”或“职务工资”单独一项作为计算基数。

（2）如果劳动合同没有明确约定工资数额，或者合同约定不明确时，应当以实际工资作为计算基数。凡是用人单位直接支付给职工的工资、奖金、津贴、补贴等都属于实际工资，具体包括国家统计局《关于工资总额组成的规定》若干具体范围的解释中规定“工资总额”的几个组成部分。但是，应当注意一点：在以实际工资都可作为加班费计算基数时，加班费、伙食补助和劳动保护补贴等应当扣除，不能列入计算范围。

（3）在确定职工日平均工资和小时平均工资时，应当按照劳动和社会保障部《关于职工全年月平均工作时间和工资折算问题的通知》规定，进行折算。

（4）实行计件工资的，应当以法定时间内的计件单价为加班费的计算基数。

（5）加班费的计算基数低于当地当年的最低工资标准的，应当以日、时最低工资标准为基数。

三、《劳动法》加班时间的规定

第三十六条规定：“国家实行劳动者每日工作时间不超过八小时、平均每周工作时间不超过四十四小时的工时制度。”

第三十七条规定：“对实行计件工作的劳动者，用人单位应当根据本法第三十六条规定的工时制度合理确定其劳动定额和计件报酬标准。”

第三十八条规定：“用人单位应当保证劳动者每周至少休息一日。”

第三十九条规定：“企业因生产特点不能实行本法第三十六条、第三十八条规定的，经劳动行政部门批准，可以实行其他工作和休息办法。”

第四十条规定："用人单位在下列节日期间应当依法安排劳动者休假：

（一）元旦；

（二）春节；

（三）国际劳动节；

（四）国庆节；

（五）法律、法规规定的其他休假节日。"

第四十一条规定："用人单位由于生产经营需要，经与工会和劳动者协商后可以延长工作时间，一般每日不得超过一小时；因特殊原因需要延长工作时间的，在保障劳动者身体健康的条件下，延长工作时间每日不得超过三小时，但是每月不得超过三十六小时。"

实务指南

"加班事实"应由谁举证?

首先，劳动者向用人单位主张支付加班费，应注意搜集考勤记录、加班申请表等事实证据。2021 年 1 月 1 日起施行的《最高人民法院关于审理劳动争议案件适用法律问题的解释（一）》第四十二条规定："劳动者主张加班费的，应当就加班事实的存在承担举证责任。但劳动者有证据证明用人单位掌握加班事实存在的证据，用人单位不提供的，由用人单位承担不利后果。"

所以说，法律法规对加班事实举证责任有明确的分配，同时也尽可能保护劳动者的权益。

处理加班费纠纷的原则是什么?

根据最高人民法院印发的《关于当前形势下做好劳动争议纠纷案件审判工作

的指导意见》的通知，妥善处理因拖欠基本工资和追索加班费引发的纠纷，要从充分保护劳动者生存权利的角度出发，依法及时处理因拖欠基本工资引发的劳动争议，按照“快立、快调、快审、快执”的原则，尽快受理，适时调解，及时判决，优先执行。在审理涉及加班费的案件中，就加班事实应注意合理分配举证责任；加班费的确定，应当结合劳动合同约定、劳动者的岗位性质以及工作要求等因素综合考量、合理裁判。

非全日制用工有加班费吗？

非全日制用工，是指以小时计酬为主，劳动者在同一用人单位一般平均每日工作时间不超过 4 小时，每周工作时间累计不超过 24 小时的用工形式。非全日制用工的工资按照约定工资标准执行，不存在加班工资的问题。

保密协议与竞业限制协议

保密义务是公司员工的法定义务，只要是公司的员工，公司都可以要求对公司的保密信息承担保密义务，该义务的履行并不以公司支付保密费为前提条件，同时保密义务通常是终身义务，只要公司的保密信息持续保密，员工就不能泄露，否则将侵犯公司的商业秘密。

竞业限制义务是约定义务，是以员工与公司之间就离职后的竞业限制义务达成的协议为前提条件，若没有竞业限制协议约定，则公司无权要求员工履行竞业限制义务。另外，竞业限制义务有一定期限，最长为两年，这一点与保密义务的长期性有较大的差异。

一、竞业限制的主体和期限

根据《劳动合同法》第二十四条的规定："竞业限制的人员限于用人单位的高级管理人员、高级技术人员和其他负有保密义务的人员。竞业限制的范围、地域、期限由用人单位与劳动者约定，竞业限制的约定不得违反法律、法规的规定。在解除或者终止劳动合同后，前款规定的人员到与本单位生产或者经营同类产品、从事同类业务的有竞争关系的其他用人单位，或者自己开业生产或者经营同类产品、从事同类业务的竞业限制期限，不得超过二年。"竞业限制条款或协议是劳动者和用人单位双方基于自由、平等协商的结果，并非劳动法律强制条款，不是所有劳动者均需要遵守竞业限制条款。

二、竞业限制的区域范围

竞业限制的区域范围是指竞业限制条款或者协议在什么区域有约束力。法律对区域没有明确规定，一般由用人单位和员工协议约定，该约定应有合理性。实践中，很多用人单位和员工签订的竞业限制协议条款未约定具体区域，出现纠纷后劳动争议仲裁委员会或法院会结合实际情况对竞业限制区域的合理性进行审查。

三、竞业限制的补偿金

由于竞业限制会限制员工的择业自由，如果不能从事原本职工作，被竞业限制的员工的收入势必大大减少。因此，我国《劳动合同法》第二十三条第二款规定，要求员工履行竞业限制义务必须向员工支付补偿金，这是竞业限制义务生效的前提条件，如果公司不支付该补偿，员工可以不履行约定的竞业限制义务。关于竞业限制补偿的数额，由公司与员工协商确定，通常是离职前月工资的 30%。关于竞业限制补偿的支付时间，按照法律规定，公司应当在竞业限制期限内按月向承担竞业限制义务的员工进行支付。

实务指南

竞业限制补偿金的法定标准

竞业限制经济补偿金的标准是许多公司都非常关心的问题。那么，竞业限制补偿金法定标准是什么呢?

有约定按照约定，不低于当地最低工资即可。无约定情况下按照法定为月平均工资的 30%。根据 2021 年 1 月 1 日起施行的《最高人民法院关于审理劳动争议案件适用法律问题的解释（一）》第三十六条规定：“当事人在劳动合同或者保密协议中约定了竞业限制，但未约定解除或者终止劳动合同后给予劳动者经济补偿，劳动者履行了竞业限制义务，要求用人单位按照劳动者在劳动合同解除或者终止前十二个月平均工资的 30% 按月支付经济补偿的，人民法院应予支持。

前款规定的月平均工资的 30% 低于劳动合同履行地最低工资标准的，按照劳动合同履行地最低工资标准支付。”

女职工的产假和哺乳期时间的规定

怀孕是大多数女性必经的一个过程，部分职业女性由于工作原因在怀孕时无暇顾及自己的身体，这时国家通过制定法律来体现对职场女性怀孕时期的关心与照顾。根据《女职工劳动保护特别规定》第七条的规定：“女职工生育享受九十八天产假，其中产前可以休假十五天；难产的，增加产假十五天；生育多胞胎的，每多生育一个婴儿，增加产假十五天。”大部分地区都制定了地方规定，在国家规定的九十八天产假基础上增加生育假，具体天数以各地方规定为准。

一、北京地区产假、陪产假的规定

（1）产假一百二十八天（九十八天 + 奖励假三十天），经单位统一可以增加一至三个月。《北京市人口与计划生育条例》第十八条规定：“机关、企业事业单位、社会团体和其他组织的女职工，按规定生育的，除享受国家规定的产假外，享受生育奖励假三十天。女职工经所在机关、企业事业单位、社会团体和其他组织同意，可以再增加假期一至三个月。”

（2）陪产假十五天。《北京市人口与计划生育条例》第十八条规定：“其配偶享受陪产假十五天。女职工及其配偶休假期间，机关、企业事业单位、社会团体和其他组织不得降低其工资、予以辞退、与其解除劳动或者聘用合同。”

二、上海地区产假、陪产假的规定

（1）产假一百二十八天（九十八天＋奖励假三十天）。《上海市人口与计划生育条例》第三十一条规定："符合法律法规规定生育的夫妻，女方除享受国家规定的产假外，还可以再享受生育假三十天。"

（2）陪产假十天。《上海市人口与计划生育条例》第三十一条规定："符合法律法规规定生育的夫妻，男方享受配偶陪产假十天。"

三、天津地区产假、陪产假的规定

（1）产假一百二十八天（九十八天＋奖励假三十天）。《天津市人口与计划生育条例》第二十二条规定："符合法律、法规规定生育子女的，女方所在单位增加生育假（产假）三十天。"

（2）陪产假七天。《天津市人口与计划生育条例》第二十二条规定："符合法律、法规规定生育子女的，男方所在单位给予七天护理假。"

四、河北地区产假、陪产假的规定

（1）一百五十八天（九十八天＋奖励假六十天）。《河北省人口与计划生育条例》第二十八条规定："符合法律法规规定生育子女的夫妻，除享受国家规定的产假外，延长产假六十天。"另根据2020年3月份河北省石家庄市政府办公室下发的《关于促进三岁以下婴幼儿照护服务发展的实施意见》，全面落实产假、护理假的政策，用人单位对哺乳期女职工按照规定安排哺乳时间。产假期满，经本人申请，用人单位批准，哺乳期可以休假至婴儿满一周岁，请假期间的待遇由双方协商确定。

（2）陪产假十五天。《河北省人口与计划生育条例》第二十八条规定："符合法律法规规定生育子女的夫妻，给予配偶护理假十五天。"

五、浙江地区产假、陪产假的规定

（1）产假一百二十八天（九十八天 + 奖励假三十天），用人单位根据具体情况，可以给予其他优惠待遇。《浙江省人口与计划生育条例》第三十条规定："2016 年 1 月 1 日以后符合法律、法规规定生育子女的夫妻，可以获得下列福利待遇：（一）女方法定产假期满后，享受三十天的奖励假，不影响晋级、调整工资，并计算工龄；用人单位根据具体情况，可以给予其他优惠待遇。"

（2）陪产假十五天。《浙江省人口与计划生育条例》第三十条规定："2016 年 1 月 1 日以后符合法律、法规规定生育子女的夫妻，可以获得男方享受十五天护理假，工资、奖金和其他福利待遇照发。"

六、黑龙江地区产假、陪产假的规定

（1）产假一百八十天。《黑龙江省人口与计划生育条例》第三十九条规定："符合本条例规定生育子女的，女方享受产假一百八十天，假期工资照发，不影响聘任、工资调整、职级晋升。"

（2）陪产假十五天，特殊情况可以参照医疗单位意见适当延长。《黑龙江省人口与计划生育条例》第三十九条规定："男方享受护理假十五天，特殊情况可以参照医疗单位意见适当延长，护理假期间工资照发。"

七、海南地区产假、陪产假的规定

（1）产假九十八天加三个月。《海南省人口与计划生育条例》第四十三条规定："属机关、社会团体、企业事业组织工作人员的，女职工除享受国家规定的产假外，增加产假三个月。"

（2）陪产假十五天。《海南省人口与计划生育条例》第四十三条规定："属机关、社会团体、企业事业组织工作人员的，给予男方护理假十五天。"

八、四川地区产假、陪产假的规定

（1）产假一百五十八天（九十八天＋奖励假六十天）。《四川省人口与计划生育条例》第二十六条规定：“符合本条例规定生育子女的夫妻，除法律、法规规定外，延长女方生育假六十天。”

（2）陪产假二十天。《四川省人口与计划生育条例》第二十六条规定：“符合本条例规定生育子女的夫妻，除法律、法规规定外，给予男方护理假二十天。护理假视为出勤，工资福利待遇不变。”

九、内蒙古地区产假、陪产假的规定

（1）产假一百五十八天（九十八天＋奖励假六十天）。《内蒙古自治区人口与计划生育条例》第三十六条规定：“符合本条例规定生育子女的夫妻，女方除享受国家规定的产假外，再增加产假六十天。”

（2）陪产假二十五天。《内蒙古自治区人口与计划生育条例》第三十六条规定：“符合本条例规定生育子女的夫妻，给予男方护理假二十五天。”

国家对未成年工劳动保护的规定

一、什么是未成年工

未成年工是已满十六周岁未满十八周岁的劳动者，是《劳动法》的主体，享有劳动权利能力和劳动行为能力。

而童工是不满十六周岁，不能成为《劳动法》的主体。《劳动法》第十五条规定："禁止用人单位招用未满十六周岁的未成年人。文艺、体育和特种工艺单位招用未满十六周岁的未成年人，必须依照国家有关规定，履行审批手续，并保障其接受义务教育的权利。"

二、用人单位不能安排未成年工从事劳动的范围有哪些

（1）《生产性粉尘作业危害程度分级》国家标准中第一级以上的接尘作业。

（2）《有毒作业分级》国家标准中第二级以上的有毒作业。

（3）《高空作业分级》国家标准中第二级以上的高空作业。

（4）《冷水作业分级》国家标准中第二级以上的冷水作业。

（5）《高温作业分级》国家标准中第三级以上的高温作业。

（6）《低温作业分级》国家标准中第三级以上的低温作业。

（7）《体力劳动强度分级》国家标准中第四级体力劳动强度的作业。

（8）矿山井下及矿山地面采石作业。

（9）森林业中的伐木、流放及守林作业。

（10）工作场所接触放射性物质的作业。

（11）有易燃易爆、化学性烧伤和热烧伤等危险性大的作业。

（12）地质勘探和资金源勘探的野外作业。

（13）潜水、涵洞、涵道作业和海拔三千米以上的高原作业（不包括世居高原者）。

（14）连续负重每小时在六次以上并每次超过二十千克，间断负重每次超过二十五千克的作业。

（15）使用凿岩机、捣固机、气镐、气铲、铆钉机、电锤的作业。

（16）工作中需要长时间保持低头、弯腰、上举、下蹲等强迫体位和动作频率每分钟大于五十次的流水作业。

（17）锅炉司炉。

学校、其他教育机构以及职业教育培训机构按照国家有关规定组织不满十六周岁的未成年人进行不影响其人身安全和身心健康的教育实践劳动、职业技能培训劳动，不属于使用童工。

根据上文的表述，我们清楚地知道，未成年工其实并不等同于童工。未成年工是已满十六周岁不满十八周岁以自己的劳动收入为主要收入来源的人，很明显这与童工有很大的区别。

实务指南

用人单位非法招用未满十六周岁的未成年人的，如何对其进行处罚？处罚的标准是什么？

根据《使用童工处罚规定》第三条规定：“对违反《禁止使用童工规定》的

个人，罚款标准如下：

（一）使用童工从事营利性生产劳动的，每使用一名童工，罚款六百至一千二百元；

（二）使用童工从事家庭服务性劳动的，每使用一名童工，罚款三百至六百元；

（三）父母或者其他监护人允许少年、儿童做童工，经批评教育仍不改正的，罚款三百至六百元；

（四）为未满十六周岁的少年、儿童介绍职业的，每介绍一名童工，罚款六百至一千二百元。”

根据《使用童工处罚规定》第四条规定：“对违反《禁止使用童工规定》的单位，罚款标准如下：

（一）对单位使用童工的，由各省、自治区、直辖市规定具体罚款标准；

（二）职业介绍机构以及其他单位为未满十六周岁的少年、儿童介绍职业的，每介绍一名童工，罚款一千五百至三千元；

（三）为未满十六周岁的少年、儿童做童工出具假证明的，罚款一千五百至三千元。”

《使用童工处罚规定》第五条规定：“有下列行为之一的，在原罚款标准基础上再加重罚款三倍：

（一）数次（两次及其以上，下同）使用童工的；

（二）长期（三个月及其以上）使用或者使用多名（三名及其以上，下同）童工的；

（三）数次介绍或者一次介绍多名童工的；

（四）数次为童工出具假证明的。”

用人单位非法招用未满十六周岁的未成年人从事超阶级强度体力劳动的，或者在危险环境下从事劳动构成犯罪的，直接责任人员应当承担什么刑事责任?

《中华人民共和国刑法》第二百四十四条规定：

用人单位违反劳动管理法规，以限制人身自由方法强迫职工劳动，情节严重的，对直接责任人员处三年以下有期徒刑或者拘役，并处或者单处罚金。

违反劳动管理法规，雇用未满十六周岁的未成年人从事超强度体力劳动的，或者从事高空、井下作业的，或者在爆炸性、毒害性等危险环境下从事劳动，情节严重的，对直接责任人员，处三年以下有期徒刑或者拘役，并处罚金；情节特别严重的，处三年以上七年以下有期徒刑，并处罚金。

有前款行为，造成事故，又构成其他犯罪的，依照数罪并罚的规定处罚。

由此可见，我国在对非法招用未成年人的处罚上还是比较严厉的。

劳动工伤在《劳动法》中的赔偿规定

工伤赔偿，又称工伤保险待遇标准，是指工伤职工或工亡职工本人（工伤员工本人）或亲属依法应当享受的赔偿项目和赔偿标准。未参加工伤保险期间用人单位职工发生工伤的，属于单位违法未办理社保，按照《工伤保险条例》中的规定，就该由用人单位来按工伤保险待遇的项目和标准支付费用。

根据我国《工伤保险条例》规定，职工发生工伤事故，以下项目该由工伤保险来承担赔偿责任。

（1）治疗费。治疗工伤所需费用由保险进行赔付，但员工治疗费必须符合工伤保险诊疗项目目录、工伤保险药品目录、工伤保险住院服务标准。

（2）住院伙食补助费以及陪护人员交通费及食宿费等可赔偿，标准是按照单位因公出差伙食补助标准的 70% 发给住院伙食补助费；所需交通、食宿费用由所在单位按照本单位职工因公出差标准报销。

（3）康复治疗费以及辅助器具费等可赔付，但花费必须符合工伤保险诊疗项目目录、工伤保险药品目录、工伤保险住院服务标准，购买辅助器具（比如义肢、假牙、轮椅等）须经劳动能力鉴定委员会确认许可。

（4）停工留薪期工资。很显然员工遭受工伤事故后，在治疗期内肯定是不能参与工作的，但不能因为工伤就导致员工没有收入，故而职工因工作遭受事故伤害或者患职业病需要暂停工作接受工伤医疗的，在停工留薪期内，原工资福利待遇不变，由所在单位按月支付。

（5）生活护理费。因伤导致生活不能自理的职工在停工留薪期需要护理，这笔护理的费用依法由所在单位负责。若留下终身残疾需要长期护理的，依鉴定等级分为三级，从工伤保险基金按月支付统筹地区上年度职工月平均工资的50%、40%或者30%作为生活护理费。

（6）一次性伤残补助金。一次性伤残补助金赔偿标准是根据工伤职员伤残等级确定，不同等级赔偿标准不同。一级伤残为27个月的本人工资，二级伤残为25个月的本人工资，三级伤残为23个月的本人工资，四级伤残为21个月的本人工资，五级伤残为18个月的本人工资，六级伤残为16个月的本人工资，七级伤残为13个月的本人工资，八级伤残为11个月的本人工资，九级伤残为9个月的本人工资，十级伤残为7个月的本人工资。

（7）伤残津贴。职工因工致残被鉴定为一级至四级伤残的，从工伤保险基金按伤残等级支付一次性伤残补助金，标准为：一级伤残为24个月的本人工资，二级伤残为22个月的本人工资，三级伤残为20个月的本人工资，四级伤残为18个月的本人工资。职工因工致残被鉴定为五级、六级伤残的，保留与用人单位的劳动关系，由用人单位安排适当工作。难以安排工作的，由用人单位按月发给伤残津贴，标准为：五级伤残为本人工资的70%，六级伤残为本人工资的60%。

（8）一次性伤残就业补助金和一次性工伤医疗补助金。经过治疗后劳动者无法再回到单位就业的，可领取一次性伤残就业补助金；工伤无法痊愈且离职的，可领取一次性工伤医疗补助金。

若员工因工伤事故伤势过重而去世，则是工亡，工亡则按照工亡的项目和标准进行赔付。比如说丧葬费、一次性工亡补偿，以及抚养人员补助金等。

实务指南

如何判断上下班途中发生事故是否属于工伤？

实践中因上下班途中发生交通事故而引起的工伤纠纷十分常见。按照《工伤保险条例》第十四条第六项的规定，在上下班途中，受到非本人主要责任的交通事故或者城市轨道交通、客运轮渡、火车事故伤害的，属于工伤范畴。通常认为，员工上下班途中的交通事故是否属于工伤时应当考虑下列四个必备要素。

（1）交通事故发生在规定的上下班时间内，若不在正常的上下班时间内发生交通事故，则不会被认定为工伤。

（2）交通事故发生在上下班的必经路线上，若员工下班后到第三地会友途中发生交通事故，则不能被认定为工伤。

（3）对于该交通事故，本人无责任或非本人主要责任，若本人负主要责任，则不能被认定为工伤。

（4）事故必须是交通事故或者城市轨道交通、客运轮渡、火车事故，若员工个人在上下班途中不慎摔倒，或者两行人相撞，则不属于交通事故范畴。

上述四个要素是认定上下班途中的事故是否属于工伤事故的必要条件，而在实践中，工伤认定部门往往会要求工伤申请人出示公安机关的交通事故责任认定书或者人民法院的生效裁决，从而简化举证责任。若工伤申请人不能提供，则其需要自行举证发生的事故满足以上四个构成要素。

另外，因交通事故造成的工伤理赔，与员工因交通事故向肇事方主张交通事故赔偿并不冲突，即使员工取得了交通事故赔偿，公司仍有义务为其办理工伤理赔。但是，在一些具体的理赔项目方面，如医疗费，则无法获得两方面的赔偿。

处理劳动争议的合法程序

一、协商处理

出现纠纷后我们首先选择的就是协商解决，通过自愿达成协议来消除隔阂。实践中，职工与单位经过协商达成一致而解决纠纷的情况非常多。但协商程序不是处理劳动争议的必经程序。双方出于自愿，无强迫性。

二、进行调解

调解程序是指劳动纠纷的一方当事人就已经发生的劳动纠纷向劳动争议调解委员会申请调解的程序。根据《劳动法》规定，在用人单位内，可以设立劳动争议调解委员会负责调解本单位的劳动争议。调解委员会委员由单位代表、职工代表和工会代表组成。一般具有法律知识、政策水平和实际工作能力，又了解本单位具体情况，有利于解决纠纷。除因签订、履行集体劳动合同发生的争议外，均可由本企业劳动争议调解委员会调解。但是，与协商程序一样，调解程序也由当事人自愿选择，且调解协议也不具有强制执行力，如果一方反悔，同样可以向仲裁机构申请仲裁。

三、申请仲裁

仲裁程序是劳动纠纷的一方当事人将纠纷提交劳动争议仲裁委员会进行处理

的程序。该程序处理劳动争议灵活、快捷，还具有强制执行的效力，是解决劳动纠纷的重要手段。劳动争议仲裁委员会是国家授权、依法独立处理劳动争议案件的专门机构。申请劳动仲裁是解决劳动争议的选择程序之一，也是提起诉讼的前置程序，即如果想提起诉讼打劳动官司，必须要经过仲裁程序，不能直接向人民法院起诉。

四、提交诉讼

《劳动法》第八十三条规定：“劳动争议当事人对仲裁裁决不服的，可以自收到仲裁裁决书之日起十五日内向人民法院提起诉讼。一方当事人在法定期限内不起诉，又不履行仲裁裁决的，另一方当事人可以申请人民法院强制执行。”诉讼程序即我们平常所说的打官司。诉讼程序的启动是由不服劳动争议仲裁委员会裁决的一方当事人向人民法院提起诉讼后启动的程序。劳动仲裁具有前置性，不能直接提交诉讼。

实务指南

为什么劳动争议仲裁是诉讼的前置程序?

（1）劳动仲裁前置的适用对发挥劳动争议仲裁机构的作用，减轻人民法院工作压力起到了一定作用。

（2）《劳动法》第七十九条规定：“劳动争议发生后，当事人可以向本单位劳动争议调解委员会申请调解；调解不成，当事人一方要求仲裁的，可以向劳动争议仲裁委员会申请仲裁。当事人一方也可以直接向劳动争议仲裁委员会申请仲裁。对仲裁不服的，可以向人民法院提起诉讼。”

（3）司法实务中，人民法院受理劳动争议案件是以是否经劳动争议仲裁委员会裁决过为前提的，即所谓的“劳动争议仲裁前置程序”。2021 年 1 月 1 日起施行的《最高人民法院关于审理劳动争议案件适用法律问题的解释（一）》第一条规定：“劳动者与用人单位之间发生的下列纠纷，属于劳动争议，当事人不服劳动争议仲裁机构作出的裁决，依法提起诉讼的，人民法院应予受理：

（一）劳动者与用人单位在履行劳动合同过程中发生的纠纷；

（二）劳动者与用人单位之间没有订立书面劳动合同，但已形成劳动关系后发生的纠纷；

（三）劳动者与用人单位因劳动关系是否已经解除或者终止，以及应否支付解除或者终止劳动关系经济补偿金发生的纠纷；

（四）劳动者与用人单位解除或者终止劳动关系后，请求用人单位返还其收取的劳动合同定金、保证金、抵押金、抵押物发生的纠纷，或者办理劳动者的人事档案、社会保险关系等移转手续发生的纠纷；

（五）劳动者以用人单位未为其办理社会保险手续，且社会保险经办机构不能补办导致其无法享受社会保险待遇为由，要求用人单位赔偿损失发生的纠纷；

（六）劳动者退休后，与尚未参加社会保险统筹的原用人单位因追索养老金、医疗费、工伤保险待遇和其他社会保险待遇而发生的纠纷；

（七）劳动者因为工伤、职业病，请求用人单位依法给予工伤保险待遇发生的纠纷；

（八）劳动者依据劳动合同法第八十五条规定，要求用人单位支付加付赔偿金发生的纠纷；

（九）因企业自主进行改制发生的纠纷。”

即当事人不服劳动争议仲裁委员会作出的裁决，依法向人民法院起诉的，人民法院才予以受理，形成了劳动争议仲裁前置程序法定化。

中国合伙人：股权分配，分好钱才有战斗力

创业企业合伙人如何分好股权

公司内部治理制度是企业赖以生存、可持续发展的保障。根据数据统计，股东意见冲突是创业失败的诱因之一，这在很大程度上是由于创业企业最初的股权架构设计和股权分配不合理导致。

股权架构设计和股权分配是创业企业治理最重要的部分，是其他公司治理制度安排和机制设计的基础。创业之初没有分配好股权，后期进行股权变动会牵一发而动全身，如公司盈利状况良好，税费的缴纳也是一笔不小的开销。

在《公司法》和公司章程的一般规定中。在大部分的初创企业中创始人持股为 55% 至 67%。如果创始合伙人比较多，创始人或者主要的创业合伙人持股比例多为 50% 至 55%。另外，在企业刚刚创立时，创始人持股比例，特别是控制权、投票权可以更高一些，比如 67% 至 89%；其他创业合伙人持股 21% 至 34%，为公司长远发展考虑，给后续加入的合伙人以及核心员工预留 13% 至 21% 的股权。可暂时由创始人代持并行使相关权利，相关收益作为公司留存支持公司发展。

这样，依照我国《公司法》和公司章程的一般规定，持股超过 50% 的创始人对公司一般经营事项具有决定权，但涉及公司重大事项需要持有表决权 2/3 以上的股东通过，必须取得更多的其他合伙人的同意。

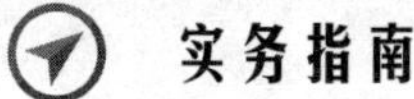

股权设计的建议

（1）如果是二人股东的公司，应尽量避免均分股权，比如各占50%，公司在一般性决策的情况下如出现分歧，容易出现僵持不下导致决策缓慢。也应该避免65%和35%的股权分配，这样在公司需要重大决策时享有35%股权的股东拥有一票否决权。建议采用一人70%、一人30%，或一人80%、一人20%的股权分配结构，这样公司决策快速，不会出现一票否决的情形，根据公司具体情况供创业者选择。

（2）如果是三人及三人以上的公司，为避免决策缓慢，也应当避免股权均分。应尽量保证大股东的绝对控股权，在公司出现重大决策时，大股东虽未达到67%的绝对控制股权，但可以通过其他股东的支持来对公司的重大事项作出决策，这时也会慎重听取其他股东的意见，针对一般性决策则大股东可以直接决定。

股票的定义及股票的特征

股票是对公司所有权份额的凭证，具体地说，就是股东拥有股份的凭证。有了股份就能成为股东，拥有股权，即股东权。股票、股份、股权可谓三位一体，密不可分。

股权的内容主要是收益权和投票权。

收益权包括分红、升值和剩余财产分配。分红指公司将其经营产生的利润按照持股比例分配给股东。升值指股票价格的上涨。公司分红越多，股票升值越少；公司分红越少，股票升值越多。是否分红不影响股东的总体权益。例如，一个发行了 1000 万股股票、市价为 1 亿元的公司，在盈利之后升值到了 1.5 亿元，每股的价格也会从 10 元升到 15 元。如果这时公司拿出 2000 万元来分红，每股 2 元，分红之后公司的市价将降为 1.3 亿元，每股的价格为 13 元。不分红，每股 15 元；分红 2 元，每股 13 元，加起来还是 15 元。剩余财产分配是指在公司清算的情况下，公司财产如果在清偿了公司的全部债务之后尚有剩余，股东有权凭其所持的股份，参与对公司剩余财产的分配。

投票权是参与公司决策的权利。有很多股东时，单个股东只拥有公司股份的一部分，甚至很少的一部分。股东之间的意见也不尽相同，所以只能通过投票表决。会议每年至少召开一次，公司必须将开会的时间和地点通知股东，每个股东都有参加会议的权利，在会上有权就其所拥有的股份投票表决。

根据我国《公司法》的规定，股东会议有权决定公司的经营方针和投资计划，选举和更换董事、监事，审议批准董事会的报告、监事会的报告、公司的年度财务预算方案和决算方案、利润分配方案，对公司的合并、分立、解散和清算作出决议。在这些权利中，最重要的是选举董事的权利。谁有权选举多数董事，谁就有了对公司的控制权。

既有收益权又有投票权的股份叫作普通股。一个公司可以根据需要发行多类普通股。每一类每一股的权利义务都是相同的，就是同股同利，同股同权。投票权是普通股最本质的特征，优先股和债券都没有投票权。

实务指南

股票风险和低价股

做股票投资，风险是不可避免的。不过由于股票的价格以及基本面不同，也就造成了它们的风险也有所不同。那么，什么股票风险最低呢？是不是可以买风险低的股票呢？关于这些问题，我们一起来了解一下。

买股票，自然要买风险低的，而低价股有的就属于风险比较低的股票，股市中只要股价低于四元以下的股票就属于低价股。低价股的出现，一般有两方面的原因。

（1）由于上市公司业绩不断下滑，股价也不断下跌，在业绩没有好转之前，人们的期望值低，股价理论上是应该持续下跌的。

（2）一段时期内，某些行业不被市场认可，受到市场情绪波动较大，也会导致低股价的出现。

投资者即使买入风险低的股票，也不能保证股票不会出现亏损，你无法保证今天风险低的股票明天不会变成风险高的股票。因此，即使你买入了目前风险低的股票，也不能掉以轻心，同时对股票风险分析也需要多多了解，所有的投资都有风险，大家要谨慎对待。

股东如何行使知情权

法律在实现股东知情权的问题上对公司利益与股东利益进行了权衡，特别是在《公司法解释（四）》中对相关问题进行了明确，且赋予了公司章程对此问题进行约定的权利。

一、股东知情权的法律依据

《公司法》第三十三条（有限责任公司）和第九十七条（股份有限公司）规定了股东对公司相关资料的查阅权，是股东知情权最直接的法律依据。知情权作为一项基本股东权利，是股东行使其他股东权利的前提，也是股东的固有权利。

根据《公司法》的规定，股东有权查阅和复制公司章程、股东会会议记录、董事会会议决议、监事会会议决议和财务会计报告。

二、股东知情权可通过公司章程进行延展

股东查阅的范围除上述法律规定的资料外，公司章程可以对查阅的内容进行延展。《公司法解释（四）》第七条规定："股东依据公司法第三十三条、第九十七条或者公司章程的规定，起诉请求查阅或者复制公司特定文件材料，人民法院应当依法予以受理。"《公司法》规定的文件材料和公司章程规定的文件材料，共同构成"公司特定文件材料"。

与此同时，《公司法解释（四）》通过立法明确了知情权系股东固有权利的法

律地位。第九条明确规定："公司章程、股东之间的协议等实质性剥夺股东依据《公司法》第三十三条、第九十七条规定查阅或者复制公司文件材料的权利，公司以此为由拒绝股东查阅或者复制的，人民法院不予支持。"可见，股东知情权不能以章程约定方式予以剥夺。

三、股东行使知情权可以由中介机构执业人员辅助进行

在司法实践中，股东即使查阅公司的会计账簿等资料，也因自身专业的限制，无法掌握公司的财务状况，而法律法规也未直接赋予股东审计的权利，因此股东是否可以通过委托专业机构对账簿进行查阅，在实践中也有争议。

《公司法解释（四）》第十条规定："人民法院审理股东请求查阅或者复制公司特定文件材料的案件，对原告诉讼请求予以支持的，应当在判决中明确查阅或者复制公司特定文件材料的时间、地点和特定文件材料的名录。股东依据人民法院生效判决查阅公司文件材料的，在该股东在场的情况下，可以由会计师、律师等依法或者依据执业行为规范负有保密义务的中介机构执业人员辅助进行。"为此，法院在判决时必须明确股东查阅账簿的时间、地点和特定文件材料的清单，同时明确中介机构可辅助股东查阅。由中介机构专业人员辅助查阅应满足两个条件：（1）股东在场；（2）专业人员应当是依法或依据执业行为规范负有保密义务的中介机构执业人员，主要是指律师和会计师。判决的明确性也有助于股东知情权行使的落实与实现。

四、排除条款"不正当目的"的认定

股东查阅公司章程、股东会会议记录、财务会计报告等文件无须说明目的；但查阅会计账簿需要具有正当目的，否则公司有权拒绝。司法实践中对"不正当目的"的认定，法院有较大的自由裁量权。

《公司法解释（四）》第八条对此进行了明确规定："有限责任公司有证据证明股东存在下列情形之一的，人民法院应当认定股东有《公司法》第三十三条

第二款规定的‘不正当目的’：（一）股东自营或者为他人经营与公司主营业务有实质性竞争关系业务的，但公司章程另有规定或者全体股东另有约定的除外；（二）股东为了向他人通报有关信息查阅公司会计账簿，可能损害公司合法利益的；（三）股东在向公司提出查阅请求之日前的三年内，曾通过查阅公司会计账簿，向他人通报有关信息损害公司合法利益的；（四）股东有不正当目的的其他情形。”司法解释对何为“不正当目的”进行了明确，且规定了公司应就股东的不正当目的承担举证责任。但是，实践中会有多种情形发生，法条无法一一列举，股东的真实意思有时候短时间内无法真正辨别，也无法完全举证，审判人员在认定“不正当目的”时有一定的难度和自由裁量权。

五、股东知情权无法行使时，董事、高级管理人员的责任追究

实践中，知情权执行困难往往在于股东会决议、财务报告、会计账簿等文件资料的制作及保存情况不清，被执行人往往会提供残缺的文件资料或以文件资料缺失为由而无法提供，股东知情权无法行使。

公司的董事、高级管理人员负责公司的日常整体运营，他们有权力要求公司的相关部门制作和保管公司的相关文件，这也是其对公司负有忠实和勤勉义务的应有之义。

《公司法解释（四）》第十二条规定：“公司董事、高级管理人员等未依法履行职责，导致公司未依法制作或者保存《公司法》第三十三条、第九十七条规定的公司文件材料，给股东造成损失，股东依法请求负有相应责任的公司董事、高级管理人员承担民事赔偿责任的，人民法院应当予以支持。”董事、高级管理人员承担赔偿责任的前提是未依法履行职责导致公司未依法制作或保存股东有权查询或复制的相关文件，且给股东造成了损失。但实践中的难点在于如何界定股东损失的存在和损失的范围，这一条件可能是股东起诉董事、高级管理人员获得损害赔偿最大的障碍。

股东知情权是《公司法》赋予股东的一种基础性权利，应依法得到有效的保护。

实务指南

股东知情权的相关法律规定

股东知情权是公司股东的一项重要的权利，作为一名股东，无论是隐名股东，还是显名股东，最关心的就是公司的运营状况，而最能反映出公司运营状况的就是公司的财务状况。知情权是股东的一项极其重要的法定权利，任何人、任何单位不得非法予以剥夺，否则要承担相应的法律责任。我国对股东知情权的规定主要见于《公司法》第三十四条、第九十八条及第一百六十六条中。当然，根据公司性质的不同，有限公司股东的知情权稍微区别于股份公司股东的知情权。在此需要明确的是，作为股东，知情权的享有和行使必须符合法律规定。

1. 查阅主体法定

不是任何人都可以享有知情权，必须是有限公司或股份公司的股东才可以享有该项权利。这是股东独立具备的法定权利。相对第三方来讲，公司的运营状况属于商业秘密，他人不能、无权干涉，不能任意侵犯公司的合法权益。

2. 查阅内容法定

股东查阅的内容具体包括公司章程、股东会会议记录、董事会会议决议、监事会会议决议和财务会计报告。

3. 查阅需要符合法定程序

在股东查阅公司会计账簿时，应当向公司提出书面申请，说明目的。当公司认为股东查阅会计账簿有不正当目的，可能损害公司合法权益的，公司可以拒绝。其中，会计账簿包括总账、明细账、日记账和其他辅助性账簿。

此外，需要补充的是，知情权是股东的法定权利，是股东监督公司经营管理以实现和落实股东重大决策权、收益权的前提。任何排除股东知情权的规定应当属于无效规定。

股东是否可以在章程中约定优先清算权

投资人在被投资企业清算时，优先取得企业清算财产的权利称为优先清算权。《公司法》第一百八十六条第二款规定："公司财产在分别支付清算费用、职工的工资、社会保险费用和法定补偿金，缴纳所欠税款，清偿公司债务后的剩余财产，有限责任公司按照股东的出资比例分配，股份有限公司按照股东持有的股份比例分配。"该条规定虽然没有明确授权公司章程可以设置优先清算权，但也没有禁止设置优先清算权。

因此可以认为，公司在清算时只要按照法律规定优先支付了清算费用、职工的工资、社会保险费用和法定补偿金，缴纳所欠税款及偿付公司债务后，不违背法定事由的，就剩余财产公司章程可以自行规定清算时哪一方享有优先受偿权。换言之，如果公司章程中特别规定且不违反法律、行政法规强制性规定的，例如对发起人或优先股股东有优先分配剩余财产约定的，应按照章程的规定进行，体现了除法定外，可自行对章程条款进行约定。实际上，《中外合资经营企业法实施条例》第九十四条第一款明确规定："合营企业以其全部资产对其债务承担责任。合营企业清偿债务后的剩余财产按照合营各方的出资比例进行分配，但合营企业协议、合同、章程另有规定的除外。"因此，中外合资经营企业中合资各方可以通过签署合资合同或公司章程的方式约定优先清算权。

实务指南

执行优先清算权条款可能面临的困难

即使该条款的效力能够获得法院的认可，投资人在主张执行优先清算权条款时也可能面临其他股东的有意阻挠。

1. 其他股东作出决议修改章程规定的解散、清算事由

《公司法》第一百八十一条规定，持有三分之二表决权的股东，可以作出股东会决议修改章程规定的解散事由，从而使公司存续。此时公司便无法进入清算程序，也不能优先清算。

这时投资人可以根据《公司法》第七十四条的规定，自前述股东会决议通过之日起九十日内，向法院提起诉讼，请求公司收购其股权。《公司法》规定，股东可以请求公司按照合理价格收购其股权，但司法实践对何为合理价格的认定标准具有不确定性，可能会通过评估来确定股权的合理价格。

2. 其他股东不配合进行清算，导致投资人无法实际获得分配

根据《公司法》第一百八十三条的规定，在章程约定的解散事由出现之日起十五日内，股东应当组成清算组开始清算。若其他股东不配合进行清算，例如出现逾期不成立清算组，虽然成立清算组但故意拖延清算的，投资人可根据《公司法解释（二）》第七条第三款的规定，申请法院指定清算组对公司进行清算。

3. 清算组成员恶意转移公司资产，降低投资人可分配金额

公司清算成员一般由公司股东、董事、监事、高级管理人员等组成，如清算组成员存在恶意转移财产行为，投资人可以清算组成员为被告，就其在清算中给公司造成的损失提起股东代表诉讼，也可以“恶意串通，损害第三人利益”为由提起诉讼，主张公司与第三方之间的转移财产行为无效，从而追回被

转移的公司资产。

为降低其他股东恶意阻挠投资人优先清算的风险，投资协议事先约定其他股东违反优先清算权条款的违约赔偿责任，明确因任何原因导致投资人无法实现优先清算权时，应由其他股东向其补偿。

抽逃出资的认定和责任

公司资本是公司保持正常经营的根本，是公司对外承担责任的基础。《公司法》规定了公司要确定资本、维持资本和资本不变，股东出资所形成的公司注册资本构成了公司财产的基础和公司对外偿债的物质保障。股东抽逃出资是对公司资本的一种严重侵权行为，违反市场经营常态，严重危及公司资本运作和稳定及公司对外偿债的能力。《公司法》及《公司法解释（三）》对股东抽逃出资的类型、法律责任等均作出了明确规定，但在实践中就股东抽逃出资的认定依然难以把握。

一、股东抽逃出资的司法认定

（一）概念

股东抽逃出资，是指股东在设立公司或者对公司进行增加注册资本过程中，在公司完成实缴注册资本后，股东将其所缴注册资本金通过各种方式予以转出，抽回其所缴纳的注册资本金，却保留股东身份和原有出资数额的一种欺诈性行为。

（二）认定标准

1. 形式要件——是否存在抽逃出资的事实行为

抽逃出资行为往往通过不真实、不合法的交易行为来实现，系股东故意对公司注册资本进行的侵害。所以，要认定存在抽逃出资的行为，需认定抽逃出资股东的主观故意，证明存在不真实、不合法行为。具体包括“将出资款转入公司账户验资后又转出”“通过虚构债权债务关系将其出资转出”等《公司法解释（三）》第十二条规定的各种具体情形。目前，实行注册资本认缴制度，大部分企业不需要马上将公司资本实缴到位，无须验资，抽逃出资的行为也比之前少了很多。

2. 抽逃行为是否损害公司及相关权利人的合法权益

法律之所以禁止抽逃出资行为，是因为该行为非法减少了公司的责任财产，降低了公司的偿债能力，不仅损害了公司与其他股东的权益，更损害了公司债权人等相关权利人的权益。

二、股东抽逃出资的法律责任

（一）民事责任

（1）抽逃出资的行为侵犯了公司的财产权，公司有权请求其返还出资，抽逃出资的股东应该及时返还出资本息，对公司和其他股东造成损失的，也应该承担相应的损害赔偿责任。

（2）根据《公司法解释（三）》第十四条的规定，股东对公司的债务应该在抽逃出资本息范围内对公司债务不能清偿的部分承担补充赔偿责任，协助抽逃出资的其他股东、董事、高级管理人员或者实际控制人对此应该承担连带责任。

（二）行政责任

《公司法》第二百条规定：“公司的发起人、股东在公司成立后，抽逃其出资的，由公司登记机关责令改正，处以所抽逃出资金额百分之五以上百分之十五以下的罚款。”《企业法人登记管理条例》第三十条第五项规定：“对于抽逃、转移资金，隐匿财产逃避债务的，登记主管机关可以根据情况分别给予警告、罚款、没收非法所得、停业整顿、扣缴、吊销《企业法人营业执照》的处罚。”

（三）刑事责任

《刑法》第一百五十九条规定：“公司发起人、股东违反《公司法》的规定未交付货币、实物或者未转移财产权，虚假出资，或者在公司成立后又抽逃其出资，数额巨大、后果严重或者有其他严重情节的，处五年以下有期徒刑或者拘役，并处或者单处虚假出资金额或者抽逃出资金额百分之二以上百分之十以下罚金。单位犯前款罪的，对单位判处罚金，并对其直接负责的主管人员和其他直接责任人员，处五年以下有期徒刑或者拘役。”

为了与新《公司法》相衔接，2014 年 4 月 24 日，全国人民代表大会常务委员会关于《刑法》第一百五十八条、第一百五十九条的解释颁布，其规定：“刑法第一百五十八条、第一百五十九条的规定，只适用于依法实行注册资本实缴登记制的公司。”

2014 年 5 月 20 日，《最高人民检察院、公安部关于严格依法办理虚报注册资本和虚假出资抽逃出资刑事案件的通知》规定：“根据新修改的《公司法》和《全国人大常委会立法解释》，自 2014 年 3 月 1 日起，除依法实行注册资本实缴登记制的公司参见《国务院关于印发注册资本登记制度改革方案的通知》（国发〔2014〕7 号）以外，对申请公司登记的单位和个人不得以虚报注册资本罪追究刑事责任；对公司股东、发起人不得以虚假出资、抽逃出资罪追究刑事责任。”

因此，对于实行注册资本认缴制的公司，抽逃出资罪的适用已被“冻结”了。即使行为人有抽逃出资的行为，也不再以抽逃出资罪论处。

实务指南

股东抽逃出资的常见类型

1. 将出资款项转入公司账户验资后又转出

《公司法》于 2013 年修订时将公司登记制度由注册资本实缴登记制修订为注册资本认缴登记制，为此，《公司法解释（三）》在 2014 年也随之修订，删除了

第十二条第一项关于“将出资款项转入公司账户验资后又转出”的内容。如果上述行为系发生在2013年《公司法》修改之前，法院在认定股东构成抽逃出资的案例中，“将出资款项转入公司账户验资后又转出”是股东抽逃出资的主要方式之一。

2. 通过虚构债权债务关系将其出资转出

通过虚构交易、虚构借款等形式虚构债权债务关系。比如，债权债务抵消合同、买卖合同等，将资本金以“货款”等名义转出，而实际上不存在相关债权债务、不发生交易。或只是形式交易，交易金额远远低于转出的资金额，也属于抽逃出资行为。

3. 制作虚假财务会计报表虚增利润进行分配

公司通过修改资产负债表或利润表内列报的项目，制作虚假财务会计报表虚增利润进行分配。通过增加资产、减少负债等方式导致所有者权益或利润增加，进而导致股东分配到的利润增加。目前，财务审计越来越严苛，这种行为发生的概率相对较少。

4. 利用关联交易将出资转出

公司的日常运行中，股东利用其特殊身份进行关联交易的情况很常见。是否构成抽逃出资，要看关联交易行为是否侵害公司利益来综合认定。若交易价格不具有公平合理性，而是通过关联交易的方式将出资撤回，则属于抽逃出资。

5. 其他未经法定程序将出资抽回的行为

司法实务中的抽逃出资方式多种多样，相关行为是否属抽逃出资，要从实质上判断是否构成了抽逃出资。只要将出资非法转出，侵害公司财产，即构成抽逃出资。

怎么认定股东资格，股东资格可以继承吗

具有股东资格，就意味着股东享有包括分红权、共益权在内的各项法律权利；也意味着需要承担股东应当承担的相应义务，义务主要是指在出资范围内对公司债务承担的责任。

一、认可具有股东资格的公司文件

股东姓名或名称是认定股东资格的最重要的依据。但是，很多文件中均有记载股东姓名或名称，而这些文件在认定股东资格过程中所起的作用又是不一致的，具体包括但不限于：（1）公司章程；（2）出资证明书；（3）股东名册；（4）商事登记文件；（5）股权转让协议；（6）公司股票；（7）其他文件。这些文件是认定公司股东资格的主要证据和核心依据。

二、认可具有股东资格的司法解释

《公司法解释（三）》（法释〔2011〕3号）第二十二条规定："当事人向人民法院起诉请求确认其股东资格的，应当以公司为被告，与案件争议股权有利害关系的人作为第三人参加诉讼。"

第二十三条规定："当事人之间对股权归属发生争议，一方请求人民法院确认其享有股权的，应当证明以下事实之一：

（一）已经依法向公司出资或者认缴出资，且不违反法律法规强制性规定。

（二）已经受让或者以其他形式继受公司股权，且不违反法律法规强制性规定。”

第二十四条规定：“当事人依法履行出资义务或者依法继受取得股权后，公司未根据《公司法》第三十二条、第三十三条的规定签发出资证明书、记载于股东名册并办理公司登记机关登记，当事人请求公司履行上述义务的，人民法院应予支持。”

第二十五条规定：“有限责任公司的实际出资人与名义出资人订立合同，约定由实际出资人出资并享有投资权益，以名义出资人为名义股东，实际出资人与名义股东对该合同效力发生争议的，如无合同法第五十二条规定的情形，人民法院应当认定该合同有效。

前款规定的实际出资人与名义股东因投资权益的归属发生争议，实际出资人以其实际履行了出资义务为由向名义股东主张权利的，人民法院应予支持。名义股东以公司股东名册记载、公司登记机关登记为由否认实际出资人权利的，人民法院不予支持。

实际出资人未经公司其他股东半数以上同意，请求公司变更股东、签发出资证明书、记载于股东名册、记载于公司章程并办理公司登记机关登记的，人民法院不予支持。”

三、股东资格可以继承吗

《公司法》第七十五条规定：“自然人股东死亡后，其合法继承人可以继承股东资格；但是，公司章程另有规定的除外。”本法条是关于有限责任公司自然人股东死亡后其合法继承人继承股东资格的规定。

因此，自然人股东死亡后，其合法继承人并不当然继承股东资格，是否取得股东资格，由公司章程决定。如果在自然人股东死亡之前，公司章程明确规定禁止股东继承人取得股东资格，股东继承人则不能依法获得股东资格，而只能继承原股东在公司所享有的财产权利。股东继承人继承原股东的财产权利可以参照《公司法》第七十一条的规定办理。首先，与其他股东协商所继承的股权的价值，由其他股东出资购买，或者在其他股东同意的情况下依法转让给第三人。其次，如果与其他股东不能达成一致，可委托法定评估机构对公司全部资产进行评估，按照原股东所占有股权的比例来确定。

四、股东资格可以由多人分别继承吗

我国《公司法》虽然对此有明确规定，但实践中认为继承也是对遗产的分割，不仅是对财产份额的分别取得，也包括各继承人对股东资格的分别取得，如果允许多个继承人共有一个股东资格，就会在股权行使上产生麻烦。当继承人为多数时，公司应变更股东名册，按照继承人的继承份额析分各人的持股份额，将他们分别登记为股东。继承人均可以依照《公司法》的规定，独立行使权利。由于有限责任公司实行的是资本多数决原则，所以基于继承而增加股东人数不会对其他股东的权益造成实质性影响。

但是，有限责任公司股东人数不能超过五十人，可能会出现继承人突破有限责任公司人数上限，这时，应由继承人协商转让继承份额，使公司股东人数符合法定的要求。

实务指南

配偶继承人的股权继承问题

在夫妻关系存续期间，夫妻一方以共同财产出资取得了相应股权，但该股权登记在了夫妻一方名下。登记有股权的夫妻一方死亡后，作为配偶的继承人该如何析产与继承股权呢?

（1）参照《婚姻法司法解释（二）》第十六条的规定："人民法院审理离婚案件，涉及分割夫妻共同财产中以一方名义在有限责任公司的出资额，另一方不是该公司股东的，按以下情形分别处理：

（一）夫妻双方协商一致将出资额部分或者全部转让给该股东的配偶，过半数股东同意、其他股东明确表示放弃优先购买权的，该股东的配偶可以成为该公司股东；

（二）夫妻双方就出资额转让份额和转让价格等事项协商一致后，过半数股东不同意转让，但愿意以同等价格购买该出资额的，人民法院可以对转让出资所得财产进行分割。过半数股东不同意转让，也不愿意以同等价格购买该出资额的，视为其同意转让，该股东的配偶可以成为该公司股东。"

在离婚时分割登记在一方名下的作为夫妻共同财产的股权，相当于股东向股东以外的人转让股权，若其他股东同意转让并放弃优先购买权，该股东的配偶可以顺理成章地成为公司的股东；若其他股东不同意转让的，应该购买或强制性购买该股权，以该股权的对价给予离婚的股东配偶以补偿。所以，股权虽然登记在夫妻一方名下，但属于夫妻共同财产。在配偶继承人继承相应份额之前应当对该夫妻共同财产进行析产。

（2）配偶与被继承人对共同财产析产完毕后的股权份额，配偶依据《公司法》的规定予以继承。

对被继承人的配偶而言，在继承前的析产中适用的是股权对外转让规则，可能把被继承人的配偶排除在公司之外，可能导致被继承人的配偶无法获得股权，而只能获得其一半股权转让的对价。而在股权的法定继承过程中，如果公司章程没有对股权继承作出限制性规定，已故股东的法定继承人能够当然地因继承而获得公司的股东资格。

智力成果要尊重：

保护知识产权，增强企业实力

专利的种类和专利权的特点

一、专利的种类

专利指的是受到国家《专利法》保护的发明创造，即专利技术。

各个国家对专利的分类存在一定的差异。在我国，专利由发明、实用新型及外观设计三种类型组成。

（一）发明

发明是指对产品、方法或者其改进所提出的新的技术方案，是通过发明人的构思，利用自然规律所创造出的针对各种技术问题的新的解决方案。《专利法》将发明分为产品发明和方法发明两大类。产品发明是人们通过研究开发出来的关于各种新产品、新材料、新物质等的技术方案；方法发明是指人们为制造产品或解决某个技术课题而研究开发出来的操作方法，制造方法以及工艺流程等技术方案。

（二）实用新型

实用新型是指对产品的形状、构造或者其结合所提出的适于实用的新的技术方案。主要针对的产品形状是指产品所具有的、可以从外部观察到的确定的空间形状。

（三）外观设计

外观设计是指对产品的形状、图案或者其结合以及色彩与形状、图案的结合所作出的富有美感并适于工业应用的新设计。申请外观设计专利不需要提交权利要求书、说明书等文字说明文件，但要提交图片和照片。

二、专利权的特点

专利权是指专利权人对发明创造享有的独占权利，即国家依法在一定时期内授予发明创造者或者其权利继受者独占使用其发明创造的权利。

专利权是一种财产权利。财产可以分为有形财产与无形财产：有形财产又可以分为动产以及不动产；无形财产包括著作权以及工业产权。专利权便属于工业产权中的一种。

专利权作为一种无形财产权，具有自身的独特之处，包括以下几种。

（一）独占性

专利权是一种独占权利，即专利权人对其发明创造享有独占的制造、使用、销售、许诺销售、进出口的权利，未经权利人许可，任何第三方都不得实施前述权利。

（二）地域性

专利权必须由国家授权之后方可产生法律效力，仅在该国范围内有效。如果在我国获得了专利权，但在其他国家没有申请专利，则在其他国家就不受保护，其他国家即使存在使用专利技术的行为，也不构成对我国专利权的侵犯。

（三）时效性

专利权具有时间限制，国家赋予专利权人独占权利，但该权利存在有效期间，该期间一旦届满，则该专利技术便成为公有技术，不再受专有保护。就我国而言，发明专利的保护期限为自申请之日起二十年，实用新型及外观设计的保护期限为自申请之日起十年，为固定期限，不可以申请续延。

专利申请需要什么流程

一、专利申请的主体

我国《专利法》对申请专利的主体作了两大分类：一类是非职务发明，申请人为发明人本身；另一类是职务发明，专利申请人应当是发明人所在的单位。

《专利法》第六条规定："执行本单位的任务或者主要是利用本单位的物质技术条件所完成的发明创造为职务发明创造。职务发明创造申请专利的权利属于该单位；申请被批准后，该单位为专利权人。非职务发明创造，申请专利的权利属于发明人或者设计人；申请被批准后，该发明人或者设计人为专利权人。利用本单位的物质技术条件所完成的发明创造，单位与发明人或者设计人订有合同，对申请专利的权利和专利权的归属作出约定的，从其约定。"

二、专利申请前的准备

专利申请能够获得授权，不但需要技术本身满足授予专利权的实质性条件，同时需要依照法律要求办理相关申请程序。在申请人正式提交申请之前，应起草专利申请文件。

（一）申请发明专利所需要提交的材料

申请发明专利应当提交以下材料：发明专利请求书、说明书（必要时可以有附图）、权利要求书、摘要等文件。发明专利请求书应当写明发明的名称或发明人的姓名，申请人的姓名或者名称、地址，以及其他事项；说明书应当对发明或者实用新型作出清楚、完整的说明，以所属技术领域的技术人员能够实现为准；必要的时候，当有附图；摘要应当简要说明发明或者实用新型的技术要点；权利要求书应当以说明书为依据，清楚简要地限定要求专利保护的范围。按照《专利法》第五十九条的规定，专利权的保护以最终批准的权利要求内容为准。因此权利要求对于专利而言处于核心地位。

（二）申请实用新型专利所需要提交的材料

申请实用新型专利应当提交以下材料：实用新型专利请求书、说明书、说明书附图，权利要求书、摘要及附图等材料。与发明专利不同的是，实用新型必须提交附图，而发明专利则根据实际需要提供。

（三）申请外观设计专利所需要提交的材料

申请外观设计专利应当提交以下材料：请求书、该外观设计的图片或者照片以及对该外观设计的简要说明等文件，申请人提交的有关图片或者照片应当清楚地展示要求专利保护的产品的外观设计。

三、专利申请的提交与受理

（一）专利申请文件的提交

专利文件准备完成之后，应当及时提交国家知识产权局进行审查。可以自己申请，也可以委托代理机构申请，实践中很多公司会选择委托代理机构申请，文件准备会更加熟练和专业。可以现场提交到国家知识产权局的受理窗口，或寄送到国家知识产权局受理处，也可以递交给国家知识产权局在各地的专利代办处。

（二）专利申请的受理

国家知识产权局及其代办处在收到申请文件后会对申请文件进行形式审查，通常而言，在一个月左右就可以知晓该申请是否被正式受理。如果被正式受理，国家知识产权局会出具受理通知书并确定申请日、申请号。国家知识产权局认为申请文件符合要求，将会给每一个专利申请分配一个申请号，目前的申请号由十三位数字组成。

（三）专利审查流程

专利申请是一个比较漫长的过程，专利申请提出之后，国家知识产权局会对专利申请进行审查。发明专利申请的审查程序包括受理、初审、公布、实审以及授权五个阶段。通常而言，从申请人提出专利申请，到最终获得发明专利授权，一般需要两年的时间，部分专利申请因多次答辩，最终需要四五年才能获得授权。

外观设计专利申请在审批中不进行早期公布和实质审查，只有受理、初审和授权三个阶段，所以所需时间相对较短，通常六个月到一年便可获得授权。

《专利法》第四十一条规定："专利申请人对国家知识产权局驳回其专利申请的决定不服的，可以自收到通知之日起三个月内，向专利复审委员会请求复审，专利申请人对专利复审委员会的复审决定不服的，可以自收到通知之日起三个月内向人民法院起诉。"

实务指南

企业应提前做好专利检索

为避免研发成果已是公知的信息或者已经被第三方取得了专利权，企业在产品研发立项前，应当对现有技术进行充分检索，重视专利检索的重要性。

现有技术检索过程中应重视专利文献的检索。世界知识产权组织（WIPO）研究显示，全世界发表的研究成果中专利占 90% 至 95%，其他文献只占 5% 至 10%，善用专利信息，可缩短 60% 的研发时程，并减少 40% 的研发经费。

以下专利检索路径仅供参考：

中国国家知识产权局专利库：http：//www.sipo.gov.cn/zljs/

美国专利商标局专利全文检索：http：//patft.uspto.gov/

欧洲专利数据库：http：//www.epo.org/searching/free.html

日本专利检索：http：//www.jpo.go.jp/

另外，在现有技术检索过程中，以研究竞争对手的专利信息为切入点，着重对竞争对手的专利技术领域、专利技术申请趋势等进行分析，进而了解竞争对手的市场营销策略和重点技术的研发状况。建议委托专业知识产权律师或专利代办机构，这样能更加顺利地解决在申请专利之路上的疑问。

专利权的法律保护

一、专利侵权行为的法律责任

根据我国《民法典》《专利法》及《刑法》的相关规定，侵犯他人专利权应承担相应的民事责任，情节严重的可能构成刑事犯罪。

（一）专利侵权的民事责任

任何单位或者个人未经专利权人许可，为生产经营目的制造、使用、销售、进口专利产品，或者使用其专利方法以及使用、许诺销售、销售、进口依照该专利方法获得的产品的，构成专利侵权。权利人可根据《民法典》《专利法》等规定主张侵权人停止侵权、赔偿损失以及恢复名誉等法律责任。

（二）假冒专利的刑事责任

《专利法》第六十三条规定：“一般专利侵权行为不构成犯罪，但是对于假冒他人专利的行为，若情节严重的，将被依法追究刑事责任。”

二、打击专利侵权行为的方式

在我国目前的专利保护制度下，当发现他人涉嫌侵犯自己的专利权时，专利权人或者利害关系人可以向人民法院起诉，也可以请求管理专利工作的部门处理。

（一）向人民法院起诉

当专利权受到侵害时，专利权人可以向法院起诉，这也是目前最常用的解决专利侵权的途径。由于专利的技术性较强，专利侵权纠纷第一审案件，由各省、自治区、直辖市人民政府所在地的中级人民法院和最高人民法院指定的中级人民法院管辖。

（二）请求专利行政管理机关处理

各地知识产权局有权根据专利权人的请求处理专利侵权案件。按照《专利法》第六十条的规定，知识产权局在处理侵权案件时，若认定侵权行为成立，可以责令侵权人立即停止侵权行为，当事人不服的可以自收到处理通知之日起十五日内按照《行政诉讼法》向人民法院起诉；侵权人期满不起诉又不停止侵权行为的，负责专利工作的部门可以申请人民法院强制执行。进行处理的工作部门应根据当事人的请示，对侵犯专利权的赔偿数额进行调解，调解不成的，当事人可以向人民法院起诉。

什么是商标，为什么要注册商标

商标是用来区别一个经营者的品牌或服务和其他经营者的商品或服务的标记，是产品与包装装潢画面的重要组成部分，能很好地装饰产品和美化包装，被人熟知的商标能使消费者愿意购买，是企业的无形资产。

一、为什么要注册商标

商标注册是商标得到法律保护的前提，是确定商标专用权的法律依据。商标使用人一旦获准商标注册，就标志着它获得了该商标的专用权，并受到法律的保护。而一个企业使用的商标不经过注册，那么商标使用人对该商标就不享有商标专用权。也就是说，别人也都可以使用这个商标，这就使商标的基本识别作用受到了影响，也会导致店家的信誉大打折扣。

二、不注册商标会有什么问题

（1）未注册商标，一旦他人将该商标抢先注册，该商标的最先使用人反而不能再使用该商标。根据《商标法》，商标专用权的原始取得只有通过商标注册取得，而申请商标注册，又采用申请在先原则，即对一个未注册商标来讲谁先申请注册，该商标的专用权就授予谁。因此，不管一个企业使用一个商标多久，如果企业一直没有将该商标注册，那么，只要别人将该商标申请注册，商标专用权就会授予别人。

（2）未注册商标有可能与相同或类似商品上的已注册商标相同或者近似，从而发生侵权行为。《商标法》第五十七条规定：“有下列行为之一的，均属侵犯注册商标专用权：（一）未经商标注册人的许可，在同一种商品上使用与其注册商标相同的商标的；（二）未经商标注册人的许可，在同一种商品上使用与其注册商标近似的商标，或者在类似商品上使用与其注册商标相同或者近似的商标，容易导致混淆的；（三）销售侵犯注册商标专用权的商品的；（四）伪造、擅自制造他人注册商标标识或者销售伪造、擅自制造的注册商标标识的；（五）未经商标注册人同意，更换其注册商标并将该更换商标的商品又投入市场的；（六）故意为侵犯他人商标专用权行为提供便利条件，帮助他人实施侵犯商标专用权行为的；（七）给他人的注册商标专用权造成其他损害的。侵权行为要由侵权人承担法律后果。”由此可见，使用未注册的商标，不管是否故意，都存在侵犯他人注册商标专用权的可能性。侵权就会受处罚，就会赔偿经济损失，从而影响企业的生产经营活动。为了企业的正常经营，为了企业的发展，也为了尊重他人注册的商标专用权，使用未注册商标的企业应当申请商标注册。

（3）未注册商标不能形成工业产权，所以不能成为使用人的无形资产。由于《商标法》规定，注册商标专用权才受法律保护，未注册商标不受法律保护，其使用人也不享有商标专用权。所以，从严格意义上讲，只有注册商标才是工业产权，只有注册商标才能成为企业的无形资产。

实务指南

商标注册指南

1. 哪些人可以注册商标？

可以注册商标的有企业、事业单位、社会团体、个体工商户等。

2. 注册商标的方式

注册商标有两种方式，分别是自己办理和代理机构办理。

（1）自己办理。由申请人或经办人直接将申请文件递交到商标局商标注册大厅。当然申请人也可以通过网上申请系统提交，详情请参阅商标局官网申请指南：http：//sbj.cnipa.gov.cn/sbsq/sqzn/201811/t20181107_276861.html。

（2）委托商标局备案的代理机构办理。申请文件递交给代理机构，签订委托协议，并支付相应服务费，由代理机构进行代办。

3. 注册商标需提供的资料（如有变化，可询问当地商标管理部门）

（1）商标注册申请书（加盖公章）。

（2）商标图样五张（长和宽不小于五厘米且不大于十厘米。若指定颜色，则为彩色图样五张，并附黑白墨稿一张）。

（3）营业执照复印件（加盖公章）。

（4）法人代表身份证复印件。

（5）委托代理机构需要签署代理合同。

4. 商标注册的流程

（1）查询。在商标局官网的商标查询板块查询自己的商标在对应类别中是否有近似的商标，如果没有近似的商标，可以放心注册。这一步很关键，直接决定你是否可以拿到受理通知书。

（2）提交材料。按照要求提供齐全的材料。

（3）审查。一般一个月内会完成形式审查，下发受理通知书，然后进入实质审查期，大概需要九个月，通过实质审查后进入公告期，大概需要三个月，公告期如无异议，从提交资料到下证至少需要十三个月。

什么是商标侵权行为，要承担什么法律责任

一、商标侵权行为的具体表现

商标侵权行为通常出于商业目的，未经商标专用权人的许可而擅自使用他人已经注册的商标，或者把他人注册商标的主要部分用作自己的商标并使用在相同或类似的商品上，从而产生商标混淆，以达到欺骗消费者的目的。商标侵权行为可归纳为如下九种具体表现形式。

（1）未经他人许可，在同一商品上使用相同商标的行为。

（2）在类似商品上使用相同商标的行为。

（3）在同一商品上使用近似商标的行为。

（4）在类似商品上使用近似商标的行为。

（5）将相同或近似商标作为商品名称或商品装潢使用，并足以造成对消费者的误导。

（6）销售明知是假冒注册商标的商品。

（7）伪造、擅自制造他人注册商标标识的行为。

（8）销售伪造或擅自制造的注册商标标识的行为。

（9）故意为侵权行为提供便利的行为。

二、侵犯商标权要承担什么责任

商标侵权要承担的责任有民事责任、行政责任和刑事责任。

（一）商标侵权的民事责任

（1）停止侵害。

（2）赔偿损失。侵犯商标专用权的赔偿数额，为侵权人在侵权期间因侵权所获得的利益，或者被侵权人在被侵权期间所受到的损失，包括被侵权人为制止侵权行为所支付的合理费用；侵权损失难以确定的，由人民法院根据侵权行为的情节判决给予50万元以下的赔偿。（注：销售不知道是侵犯注册商标专用权的商品，能证明该商品是自己合法取得的并说明提供者的，不承担赔偿责任）

（3）消除影响，恢复名誉。

（4）赔礼道歉。

（二）商标侵权的行政责任

（1）责令立即停止侵权行为。

（2）没收、销毁侵权商品和专门用于制造侵权商品、伪造注册商标标识的工具。

（3）工商行政管理机关对侵犯他人注册商标专用权的，处以非法经营额3倍以下的罚款；非法经营额无法计算的，处以10万元以下的罚款。

（三）商标侵权的刑事责任

（1）假冒注册商标罪。《刑法》第二百一十三条规定："未经注册商标所有人许可，在同一种商品上使用与其注册商标相同的商标，情节严重的，处三年以下有期徒刑或者拘役，并处或者单处罚金；情节特别严重的，处三年以上七年以下有期徒刑，并处罚金。"

（2）销售假冒注册商标商品罪。《刑法》第二百一十四条规定："销售明知是假冒注册商标的商品，销售金额数额较大的，处三年以下有期徒刑或者拘役，并处或者单处罚金；销售金额数额巨大的，处三年以上七年以下有期徒刑，并处罚金。”

（3）非法制造、销售他人注册商标标识罪。《刑法》第二百一十五条规定：“伪造、擅自制造他人注册商标标识或者销售伪造、擅自制造的注册商标标识，情节严重的，处三年以下有期徒刑、拘役或者管制，并处或者单处罚金；情节特别严重的，处三年以上七年以下有期徒刑，并处罚金。”

实务指南

商标被侵权怎么处理？

根据《商标法》规定，引起纠纷的，由当事人协商解决；不愿协商或者协商不成的，商标注册人或者利害关系人可以向人民法院起诉，也可以请求工商行政管理部门处理。如工商部门认定侵权行为成立，可责令立即停止侵权行为，没收、销毁侵权商品和专门用于制造侵权商品、伪造注册商标标识的工具，并可处以罚款。新修改的《商标法》增强了工商部门制止商标侵权的力度。

可以通过网络平台在线侵权投诉，目前大家所熟知的微信公众号、微博平台均有网上投诉渠道。还可以通过向侵权者发送律师函，限期停止侵权行为，通过公安机关进行侵权犯罪案件的举报等来维护自己的权利。最后一道渠道，还可以通过提起侵权责任诉讼的方式追究侵权者责任。

著作权的内容及保护期限

一、著作权的内容

我国《著作权法》第十条规定，著作权包括人身权和财产权。

（一）人身权（也称精神权利）

（1）发表权，即决定作品是否公之于众的权利，作者有权发表或不发表其作品，在不同场合发表。

（2）署名权，即表明作者身份，在作品上署名的权利，作者可以在其作品上署真名、假名，或以后署名，或不署名。

（3）修改权，即修改或者授权他人修改作品的权利，比如授权出版社的编辑修改。

（4）保护作品的完整权，即保护作品不受歪曲、篡改的权利，他人不得分割、断章取义、歪曲、篡改。

（二）财产权（也称经济权利）

财产权指使用权和获得报酬的权利。通过以下方式获得经济效益。

（1）复制权，即以印刷、复印、临摹、拓印、录音、录像、翻录、翻拍等数字化或非数字化方式将作品制作一份或者多份的权利。

（2）发行权，即以出售或者赠予方式向公众提供作品的原件或者复制件的权利。

（3）出租权，即有偿许可他人临时使用电影作品和以类似摄制电影的方法创作的作品、计算机软件的权利。计算机软件中的程序本身不是出租的主要标的除外。

（4）展览权，即公开陈列美术作品、摄影作品的原件或者复制件的权利。

（5）表演权，即通过演员的声音、表情、动作在现场直接公开再现作品，以及通过放映机、录音机、录像机等技术设备间接公开再现作品或者作品的表演的权利。

（6）放映权，即通过放映机、幻灯机等技术设备公开再现美术、摄影、电影和以类似摄制电影的方法创作的作品等的权利。

（7）广播权，即以无线方式公开广播或者传播作品，以有线传播或者转播的方式向公众传播广播的作品，以及通过扩音器或者其他传送符号、声音、图像的类似工具向公众传播广播的作品的权利。

（8）信息网络传播权，即以有线或者无线方式向公众提供作品，使公众可在其个人选定的时间和地点获得作品的权利。

（9）摄制权，即以摄制电影或者以类似摄制电影的方法首次将作品固定在载体上的权利。

（10）改编权，即在原有作品的基础上，改变原作品的表现形式，创作出具有独创性的新作品的权利。

（11）翻译权，即将原作品从一种语言文字转换成另一种语言文字的权利。

（12）汇编权，即将作品或者作品的片段通过选择或者编排，汇集成新作品的权利。

（13）应当由著作权人享有的其他权利。著作权人可以许可他人行使著作权中的财产权，并依照约定或者本法有关规定获得报酬。著作权人可以全部或者部分转让著作权中的财产。

二、著作权的保护期

（一）人身权的保护期

著作人身权中的署名权、修改权和保护作品完整权的保护期不受限制，可以获得永久性保护。但著作人身权中的发表权的保护有时间限制。

（二）自然人作品的发表权和财产权的保护期

公民的作品，其发表权和使用权的保护期分别为作者终生及其死后50年，截止于作者死亡之后第50年的12月31日；如果是合作作者，截止于最后死亡的作者死亡后第50年的12月31日。作者生前未发表的作品，如果作者未明确表示不发表，作者死亡后50年内，其发表权可由继承人或者受遗赠人行使；没有继承人又无人受遗赠的，由作品原件的所有人行使。

（三）法人或其他组织的作品的发表权和财产权的保护期

单位作品，著作权（署名权除外）由法人或者其他组织享有的职务作品，其发表权和使用权的保护期为50年，截止到作品发表后第50年的12月31日，但作品自创作完成后50年内未发表的，著作权不再保护。

（四）作者身份不明作品使用权的保护期

作者身份不明的作品，其使用权的保护期截止到作品发表后第五十年的12月31日。作者身份确定后，按不同作品类型分别确定保护期。

实务指南

一般性作品著作权登记需提交的材料

（1）申请表。内容包括：作品名称、作品类别、署名、完成日期、是否发表、首发日期和地点、作品完成形式、作者情况、其他著作权人情况。

（2）申请者身份证明（单位申请者提供营业执照副本复印件）。

（3）提供作品样本。

（4）作品创意说明。

（5）根据实际情况选择提交合作作品附合作作者委托书、委托作品附委托合同或专有权许可使用合同。

如何保护著作权

我国对著作权采用自动保护原则。《著作权法》第二条规定："中国公民、法人或者其他组织的作品，不论是否发表，均享有著作权。"外国人、无国籍人的作品，根据其作者所属国或者经常居住地国同中国签订的协议，或者共同参加的国际条约享有的著作权，受我国《著作权法》保护。外国人、无国籍人的作品首先在中国境内出版的，享有著作权。未与中国签订协议或者共同参加国际条约的国家的作者以及无国籍人的作品首次在中国参加的国际条约的成员国出版的，或者在成员国和非成员国同时出版的，受我国《著作权法》保护。

作品一经产生即产生著作权，既不要求登记，也不要求发表，也无须在复制物上加注著作权标记。著作权人可以向我国著作权主管机关办理著作权登记，是对取得著作权事实行为的认定和证明，但非取得著作权的法定程序。

一、民事途径

对于侵犯著作权的行为，著作权人可以提起民事诉讼，追究侵权者的民事责任，包括停止侵害，消除影响，公开赔礼道歉，赔偿损失。

二、行政途径

著作权人在发现侵权行为后，也可以请求版权局进行查处，版权局可以对侵权人实施以下处罚：责令停止制作和发行侵权复制品，没收非法所得，没收侵权复制品，罚款，没收主要用于制作侵权复制品的材料、工具、设备等。

三、刑事途径

对于侵权行为十分严重的，著作权人可以向公安机关报案，追究侵权人的刑事责任。我国《刑法》第二百一十七条规定："以营利为目的，有下列侵犯著作权情形之一，违法所得数额较大或者有其他严重情节的，处三年以下有期徒刑或者拘役，并处或者单处罚金；违法所得数额巨大或者有其他特别严重情节的，处三年以上七年以下有期徒刑，并处罚金：（一）未经著作权人许可，复制发行其文字作品、音乐、电影、电视、录像作品、计算机软件及其他作品的；（二）出版他人享有专有出版权的图书的；（三）未经录音录像制作者许可，复制发行其制作的录音录像的；（四）制作、出售假冒他人署名的美术作品的。"

市场竞争要合法：
《反不正当竞争法》和《反垄断法》

什么是商业秘密

《反不正当竞争法》中的商业秘密是指："不为公众所知悉、能为权利人带来经济利益，具有实用性并经权利人采取保密措施的技术信息和经营信息。"

一、秘密性

所谓秘密，就是没有公开过的信息，包括两个方面：一是不是普遍知悉；二是不容易获得。《反不正当竞争法司法解释》通过反向规范的方法规定了以下几种不具有秘密性的情形。

（1）该信息为其所属技术或者经济领域的人的一般常识或者行业惯例。

（2）该信息仅涉及产品的尺寸、结构、材料、部件的简单组合等内容，进入市场后相关公众通过观察产品即可直接获得。

（3）该信息已经在公开出版物或者其他媒体上公开披露。

（4）该信息已通过公开的报告会、展览等方式公开。

（5）该信息从其他公开渠道可以获得。

（6）该信息无须付出一定的代价而容易获得。

二、价值性

价值性是指相关信息具有商业价值，能为权利人带来竞争优势和商业利益。这个特性在实践中争议不大。

三、保密性

保密性是指权利人采取了相应的保密措施。《反不正当竞争法司法解释》列举了以下方式可以认定为保密措施。

（1）限定涉密信息的知悉范围，只对必须知悉的相关人员告知其内容。

（2）对于涉密信息载体采取加锁等防范措施。

（3）在涉密信息的载体上标有保密标志。

（4）对于涉密信息采用密码或者代码等。

（5）签订保密协议。

（6）对于涉密的机器、厂房、车间等场所限制来访者或者提出保密要求。

（7）确保信息秘密的其他合理措施。

四、商业秘密包括技术信息和经营信息

技术信息的内容主要包括：技术设计、技术样品、质量控制、应用试验、工艺流程、工业配方、机器设备的改进、改造等。技术信息可以是一项完整技术，也可以是一项完整技术中的一个或若干个相对独立的技术要素。

经营信息主要表现在管理信息上，如资信状况、财务状况、技术水平等。还表现在业务信息上，如客户名单、供应商名单等。还包括对原材料供应发展前景的研究资料及研究结论，对市场调研的结果，对代理商、中间商、合作人资信情况的估价等，都可以称为经营信息。

实务指南

商业秘密的保护策略

商业秘密的认定核心在于秘密性和保密性，只有非公开、不容易获取且由权

利人采取保密措施的信息，才能构成商业秘密。

为了更好地保护企业的技术信息，建议企业可以根据各项技术内容的不同，从以下角度选择不同的保护策略。

（1）一项科研成果，如果其他企业不可能或很难通过反向工程获得该技术，那么，企业可选择商业秘密保护；否则，宜选择专利保护。

（2）如果一项科研成果的使用期限不会超过《专利法》保护的期限，则可选择申请专利；某些科研成果如配方（如药品配方）可以长期保有，则建议选择商业秘密保护。

（3）对于被授予专利可能性低的科研成果，宜采用商业秘密保护，避免因未被授予专利而使该技术变成公知技术，从而给企业造成损失。

（4）经济价值高且市场需求量大的产品或技术应申请专利保护。

此外，商业秘密和专利保护并非不能共存。对于一项复杂的技术，可以采用这两种方式共同保护，对于不容易被反向工程的核心技术点采取商业秘密保护，其他部分申请专利；也可以先采取保密，在企业认为技术更替以后，把储备的技术申请专利。

同时对内根据与掌握企业商业秘密的员工订立保密合同，设定保密义务。加强商业秘密保护的宣传、培训，使员工充分了解公司的保密制度、自身的保密义务和违反保密义务的法律后果。对外在企业合作、投资、委托开发、技术服务、第三方服务等情形下，采用保密协议等形式约定商业秘密的接受方负有的详细的保密义务以及违反保密义务将承担的违约责任和其他法律责任。

商业秘密保护的法律途径及法律责任

对很多企业而言，尤其是高新技术企业，商业秘密是其生存和发展的根基，关乎其核心竞争力，具有生死存亡的战略意义。失去了核心商业秘密，企业可能面临着死亡。因此，为了最大程度保护商业秘密，企业通常不惜成本，采取各种法律措施进行防范。从公司内部角度看，主要通过订立相关协议，要求核心员工承担保守商业秘密或竞业限制的义务。一旦第三方涉嫌侵犯商业秘密时，可通过如下途径解决。

一、通过劳动仲裁方式追究员工违反公司保密协议的责任

因为员工与企业间解决纠纷的第一道程序是申请劳动仲裁，侵权人必须是公司的员工或前员工，签订了保密协议或竞业限制协议。但实践中竞业限制义务纠纷在劳动仲裁案件的举证难度相对较低，而商业秘密侵权诉讼则较难完成证明责任，因此实践中竞业限制劳动仲裁案件的胜诉率相对较高，所以维权者可优先考虑通过竞业限制劳动仲裁来维权。需要提醒的是，与员工签订竞业限制协议的企业，员工离职后，企业要根据法律规定和协议约定按时支付竞业限制协议补偿金，否则，员工可以不遵守竞业限制协议。

二、提起侵犯商业秘密的民事诉讼

侵犯商业秘密的行为是一种民事侵权行为，根据民法基本原理，结合侵犯商

业秘密案件自身的特性，侵犯商业秘密的行为人一般应承担停止侵害、赔偿损失等民事责任。如认定第三人侵权行为成立，应承担的民事责任一般包括：停止侵权行为、参照侵犯专利权的损害赔偿额的计算方式进行赔偿、消除影响、赔礼道歉等。民事侵权诉讼，可以将公司外部人员及公司内部人员一同起诉，追究法律责任。

三、向工商主管部门举报，要求工商主管部门查处

侵犯商业秘密的行为属于不正当竞争行为之一，按照《反不正当竞争法》第二条的规定，工商主管部门作为反不正当竞争的管理部门，有权对实施不正当行为的主体进行行政查处。若工商行政机关认定侵犯商业秘密行为成立，则工商行政机关可作出以下处罚：要求商业秘密侵权人停止正在实施或即将实施的侵权行为；由工商行政机关根据情节对侵权人处以 1 万元以上 20 万元以下的罚款；责令并监督侵权人将载有商业秘密的图纸、软件及其他有关资料返还权利人，监督侵权人销毁使用权利人商业秘密生产的、流入市场将会造成商业秘密公开的产品。

四、向公安主管部门报案，追究侵权者刑事责任

最高人民检察院、公安部《关于公安机关管辖的刑事案件立案追诉标准的规定（二）》第七十三条规定：“侵犯商业秘密，涉嫌下列情形之一的，应予立案追诉：

（一）给商业秘密权利人造成损失数额在五十万元以上的；

（二）因侵犯商业秘密违法所得数额在五十万元以上的；

（三）致使商业秘密权利人破产的；

（四）其他给商业秘密权利人造成重大损失的情形。”

实务指南

如何防止员工泄露商业秘密？

企业招聘员工时，最好做好背景调查，在签订劳动合同时要设定保密条款，或单独签订保密协议、竞业限制协议等相关协议。

在职期间，对公司文档上传到云端、拷贝到外部设备、通过邮件或其他方式发出的行为进行限制性规定，一般专业网络员会通过网络设置、电脑设置达到把控的目的。如果担心员工离职后会出现商业秘密泄露的情况，可通过多种渠道掌握离职员工的再就业状况，比如通过住房公积金、社会保险等信息了解离职员工的新雇主情况。

《反不正当竞争法》中侵犯商业秘密的行为

2019 年 4 月 23 日，经第十三届全国人民代表大会常务委员会第十次会议通过，中华人民共和国主席令第二十九号公布，《中华人民共和国反不正当竞争法》集中对商业秘密条款进行修改并施行。现就《反不正当竞争法》与侵犯商业秘密行为作以下介绍。

一、商业秘密的定义

按照《反不正当竞争法》的规定，商业秘密是指不为公众所知悉、能为权利人带来经济利益，具有实用性并经权利人采取保密措施的技术信息和经营信息。商业秘密是企业的财产权利，它关乎企业的竞争力，对企业的发展至关重要，有的甚至直接影响企业的生存。

二、侵犯商业秘密的主体

（1）员工在职期间披露、使用权利人的商业秘密。

（2）员工离职带走或使用技术信息、经营信息等商业秘密。

（3）合同期满没有续签合同，离职不移交商业秘密。

（4）员工在职通过电子侵入方式非法获取商业秘密。

（5）在职入股同行或成立同行企业，侵犯公司商业秘密。

（6）供应商违反商业秘密保护约定擅自侵犯商业秘密。

（7）竞争对手委派间谍打入企业内部窃密。

（8）教唆、引诱、帮助他人违反保密义务或者违反权利人有关保守商业秘密的要求，获取、披露、使用或者允许他人使用权利人的商业秘密。

《反不正当竞争法》在侵犯商业秘密主体经营者的基础上，增加其他自然人、法人和非法人组织作为侵犯商业秘密的主体，有利于监督检查部门确定当事人，进行行政执法与行政处罚。

三、侵犯商业秘密的违法成本

《反不正当竞争法》第九条规定："经营者不得实施下列侵犯商业秘密的行为：（一）以盗窃、贿赂、欺诈、胁迫、电子侵入或者其他不正当手段获取权利人的商业秘密；（二）披露、使用或者允许他人使用以前项手段获取的权利人的商业秘密；（三）违反保密义务或者违反权利人有关保守商业秘密的要求，披露、使用或者允许他人使用其所掌握的商业秘密；（四）教唆、引诱、帮助他人违反保密义务或者违反权利人有关保守商业秘密的要求，获取、披露、使用或者允许他人使用权利人的商业秘密。经营者以外的其他自然人、法人和非法人组织实施前款所列违法行为的，视为侵犯商业秘密。第三人明知或者应知商业秘密权利人的员工、前员工或者其他单位、个人实施本条第一款所列违法行为，仍获取、披露、使用或者允许他人使用该商业秘密的，视为侵犯商业秘密。本法所称的商业秘密，是指不为公众所知悉、具有商业价值并经权利人采取相应保密措施的技术信息、经营信息等商业信息。"

对经营者以及其他自然人、法人和非法人组织违反《反不正当竞争法》第九条规定侵犯商业秘密的，由监督检查部门责令停止违法行为，没收违法所得，处10万元以上100万元以下罚款；情节严重的，处50万元以上500万元以下罚款。员工、竞争对手、经营者、非法人组织、情报机构等主体面对没收违法所得和处以高达100万元、500万元以下罚款，以及人民法院根据侵权行为的情节判决给予权利人500万元以下的赔偿，不但可以增加侵权人的违法成本，防止侵权行为发生，而且有利于营造良好的营商环境，有利于严厉打击侵犯商业秘密的行为。

实务指南

涉嫌侵权行为的举证责任

《反不正当竞争法》第三十二条第二款规定："商业秘密权利人提供初步证据合理表明商业秘密被侵犯，且提供以下证据之一的，涉嫌侵权人应当证明其不存在侵犯商业秘密的行为：（一）有证据表明涉嫌侵权人有渠道或者机会获取商业秘密，且其使用的信息与该商业秘密实质上相同；（二）有证据表明商业秘密已经被涉嫌侵权人披露、使用或者有被披露、使用的风险；（三）有其他证据表明商业秘密被涉嫌侵权人侵犯。该条款主要涉及商业秘密侵权行为举证责任的转移。"

当商业秘密权利人提供初步证据合理表明商业秘密被侵犯时，商业秘密权利基础的举证责任转移给涉嫌侵权人，由其证明涉案信息不符合商业秘密构成要件，如果涉嫌侵权人能完成举证义务，则无须承担侵权责任；当涉嫌侵权人无法完成举证义务，则认定涉案信息属于商业秘密，商业秘密权利人提供初步证据证明侵权行为的存在，此时举证责任又转移到了涉嫌侵权人，由其证明不存在侵犯商业秘密的行为。如果不能完成举证义务，需承担侵犯商业秘密的民事责任。

在商业秘密权利人完成初步举证的前提下，将举证责任转移给侵权人。举证责任的转移将大幅减轻商业秘密权利人的举证负担，有力地促进了商业秘密的权利保护。

贿赂与馈赠、回扣与佣金的区别

一、贿赂与馈赠

司法认定馈赠是一种民事法律行为，与行贿的性质截然相反。根据最高法和最高检《关于办理商业贿赂刑事案件适用法律若干问题的意见》，区分贿赂与馈赠，主要应当结合以下因素全面分析、综合判断：（1）发生财物往来的背景，如双方是否存在亲友关系及历史上交往的情形和程度；（2）往来财物的价值；（3）财物往来的缘由、时机和方式，提供财物方对于接受方有无职务上的请托；（4）接受方是否利用职务上的便利为提供方谋取利益。

综上来看，要辨别以馈赠名义进行贿赂的行为，要综合取证来证明，主要在于馈赠的目的是否正当。

二、回扣与佣金

《反不正当竞争法》第七条第二款规定："经营者在交易活动中，可以以明示方式向交易相对方支付折扣，或者向中间人支付佣金。经营者向交易相对方支付折扣、向中间人支付佣金的，应当如实入账。接受折扣、佣金的经营者也应当如实入账。经营者的工作人员进行贿赂的，应当认定为经营者的行为；但是，经营者有证据证明该工作人员的行为与为经营者谋取交易机会或者竞争优势无关的除外。"回扣是非法行为，而佣金则是合法的，《反不正当竞争法》认可了佣金的合法性。佣金与回扣有着本质的区别，具体内容如下。

（1）佣金是由经营者付给中介人或居间人的，而回扣则是付给交易相对人的。

（2）佣金是以明示的方式公开支付的，回扣是秘密给付的。

（3）佣金是履行居间合同的形式，是支付给中间人的正当的劳务报酬；回扣是利用交易相对人的权力来获取交易机会。

（4）佣金不仅要规定于合同中，而且要按正规程序出具票据，记入会计账目，缴纳税收；回扣既不入账，也不纳税，属“黑色收入”。

由此看来，佣金与回扣还是较好区分的，主要看是否提前约定好，按一定的比例支付给中间人，中间人是否作为劳务报酬。

虚假宣传的行为及法律责任

虚假宣传行为是指经营者利用广告或者其他方法，对商品的质量、制作成分、性能、用途、生产者、有效期限、产地等做引人误解的虚假宣传。《反不正当竞争法》第八条规定："经营者不得对其商品的性能、功能、质量、销售状况、用户评价、曾获荣誉等做虚假或者引人误解的商业宣传，欺骗、误导消费者。经营者不得通过组织虚假交易等方式，帮助其他经营者进行虚假或者引人误解的商业宣传。"《广告法》第三条规定："广告应当真实、合法，以健康的表现形式表达广告内容，符合社会主义精神文明建设和弘扬中华民族优秀传统文化的要求。"第四条也规定："广告不得含有虚假或者引人误解的内容，不得欺骗、误导消费者。广告主应当对广告内容的真实性负责。"

一、虚假宣传行为的类型及构成要件

在司法实践中，经营者具有下列行为之一，足以造成相关公众误解的，将会被认定为引人误解的虚假宣传行为。

（1）对商品做片面的宣传或者对比，引起消费者混淆误解商品。

（2）将科学上未定论的观点、现象等当作定论的事实用于商品宣传的。

（3）以歧义性语言或者其他引人误解的方式进行商品宣传的。

根据目前的司法实践，构成虚假宣传行为应当具备两个基本条件：第一，经营者所做的宣传与事实不相符合；第二，与事实不相符合的宣传会造成相关公众误解，如果仅仅是以明显的夸张方式宣传商品，不足以造成相关公众误解的，同样不属于引人误解的虚假宣传行为。

二、虚假宣传行为的法律责任

若经营者实施虚假宣传行为，可能面临行政、民事赔偿等法律责任。

（一）经营者（广告主）的行政责任

《反不正当竞争法》第二十三条规定："经营者违反本法第十一条规定损害竞争对手商业信誉、商品声誉的，由监督检查部门责令停止违法行为、消除影响，处十万元以上五十万元以下的罚款；情节严重的，处五十万元以上三百万元以下的罚款。"

（二）民事赔偿责任

《广告法》第五十六条规定："违反本法规定，发布虚假广告，欺骗、误导消费者，使购买商品或者接受服务的消费者的合法权益受到损害的，由广告主依法承担民事责任。广告经营者、广告发布者不能提供广告主的真实名称、地址和有效联系方式的，消费者可以要求广告经营者、广告发布者先行赔偿。关系消费者生命健康的商品或者服务的虚假广告，造成消费者损害的，其广告经营者、广告发布者、广告代言人应当与广告主承担连带责任。前款规定以外的商品或者服务的虚假广告，造成消费者损害的，其广告经营者、广告发布者、广告代言人，明知或者应知广告虚假仍设计、制作、代理、发布或者作推荐、证明的，应当与广告主承担连带责任。"

实务指南

面对不正当竞争如何维权？

利用《反不正当竞争法》原则性条款规制非典型的不正当竞争行为已得到最

高人民法院的认可。事实上，实践中存在的虚假宣传行为大多数并非《反不正当竞争法》所明确列明的行为，对于非典型的不正当竞争行为，可以适用该法第二条“经营者在市场交易中，应当遵循自愿、平等、公平、诚实信用的原则，遵守公认的商业道德”进行规制。这一点在司法实践中已经取得共识，最高人民法院也支持该做法，故而很多法院在审理案件过程中也以该条原则性规定作为判定某行为是否构成不正当竞争行为的依据。

因此，当发现第三方对公司实施了不正当竞争行为，但该行为又不是《反不正当竞争法》所明确列明的行为时，可以考虑适用《反不正当竞争法》第二条的原则性规定来维护公司的权益。

新《广告法》实施对广告业和广告管理的影响

2015 年 4 月 24 日，第十二届全国人民代表大会常务委员会第十四次会议修订通过《中华人民共和国广告法》（以下简称新《广告法》），自 2015 年 9 月 1 日起施行。本次修订主要是围绕规范广告活动，适应广告发布媒介形式发生的变化，解决广告实践中产生的突出问题来开展的，主要体现在以下方面。

一、新增和补充完善广告准则

新《广告法》对原《广告法》没有规定，但对人民群众生产生活和经济生活秩序影响比较大、实践中容易发生问题、需要重点监管的医疗、保健食品、母乳替代食品、动植物种苗、种养殖、兽药、饲料及其添加剂、房地产、教育、培训以及招商等有投资回报预期的商品和服务的广告，分别增加了相应广告准则的规定；对原《广告法》已经有规定但是内容不全面的药品、医疗器械、农药、烟草、酒类五种特殊商品的广告准则做了充实完善。这些规定丰富了广告准则的具体内容，增加了法律条文规定的可操作性。

二、完善了广告代言制度

新《广告法》完善了广告代言制度和广告代言人的法律责任，一是将广告代言人纳入广告活动主体范围；二是明确了不得进行代言的广告范围，包括药品、医疗器械、医疗、保健食品广告等；三是禁止利用不满十周岁的未成年人作为广告代言人；四是规定了广告代言的前置条件，即广告代言人应当依据事实代言、依法代言和体验使用过后才能代言；五是规定对有过代言虚假广告“前科”者的代言禁止（受罚之日起三年内）；六是明确了代言人违法代言的行政法律责任（首次明确）和为虚假广告代言的民事连带责任（其中关系消费者生命健康的为无过错责任）。

三、广泛禁止烟草广告

新《广告法》对烟草广告进行了更严格的限制：一是进一步加大了对发布烟草广告的媒介和场所的限制，禁止在任何大众传播媒介以及所有的公共场所、公共交通工具、户外发布烟草广告；二是禁止向未成年人发送任何形式的烟草广告；三是禁止利用其他商品或者服务的广告、公益广告以及迁址、更名、招聘启事等方式变相发布烟草广告。

四、完善关于未成年人保护的广告规范

新《广告法》对未成年人进行了全面的规定。一是禁止在大众传播媒介或者公共场所发布声称全部或者部分替代母乳的婴儿乳制品、饮料和其他食品广告；二是使用无民事行为能力人、限制民事行为能力人的名义或者形象的，应当事先取得其监护人的书面同意；三是不得利用不满十周岁的未成年人作为广告代言人；四是不得在中小学校、幼儿园内开展广告活动，不得利用中小学生和幼儿的教材、教辅材料、练习册、文具、教具、校服、校车等发布或者变相发布广告；五是在针对未成年人的大众传播媒介上不得发布医疗、药品、保健食品、医疗器械、化妆品、酒类、美容广告，以及不利于未成年人身心健康的网络游戏广告；六是针对不满十四周岁的未成年人的商品或者服务的广告，不得含有劝诱其要求家长购买广告商品或者服务的内容和可能引发其模仿不安全行为的内容。

五、增加互联网广告规范

随着互联网和电子商务的快速发展，互联网已经成为重要的广告发布媒介，为此，新《广告法》专门增加了针对互联网广告的规范内容：一是从原则上将互联网广告纳入了《广告法》的调整范围；二是规定“以弹出等形式发布的广告，应当显著标明关闭标志，确保一键关闭”；三是对“第三方平台”设定了制止违法广告的义务，即“公共场所的管理者或者电信业务经营者、互联网信息服务提供者对其明知或者应知的利用其场所或者信息传输、发布平台发送、发布违法广告的，应当予以制止”。

六、明确虚假广告的界定标准

新《广告法》从细化法律规定、提高法律的可操作性角度明确了虚假广告的认定标准，明确“虚假”的内容是欺骗消费者，“引人误解”的内容是误导消费者，并列举了虚假广告的四种典型情形：标的不存在，要素不相符，引证不可证，效果不真实。

七、强化大众传播媒介的广告发布行为规范

大众传播媒介主要是指报纸、期刊、广播、电影、电视、互联网、移动通信网等。新《广告法》强化大众传播媒介的广告发布行为规范，主要包括：不得以新闻报道的形式变相发布广告；应当显著标明“广告”，与其他非广告信息相区别；广播电台、电视台发布广告，应当遵守国务院有关部门关于时长、方式的规定，并应当提示广告时长；广播电台、电视台、报刊音像出版单位、互联网信息服务提供者不得以介绍健康、养生知识等形式变相发布医疗、药品、医疗器械、保健食品广告；禁止大众传播媒介发布母乳替代食品的广告；禁止大众传播媒介发布烟草广告；大众传播媒介有义务发布公益广告。

八、加重违法广告法律责任的承担

新《广告法》大幅度提高了违法广告的财产处罚幅度和金额，增加规定对广告费用无法计算或者广告费用明显偏低的，工商部门可以直接按照《广告法》规定的数额处以罚款；对在两年内有三次以上发布虚假广告的行为或者有其他严重情节的，要依照《广告法》规定的幅度和金额加重处罚，直至吊销营业执照、撤销广告审查批准文件、吊销医疗机构诊疗科目或医疗机构执业许可证、吊销广告发布登记证件、暂停媒体广告发布业务等。新《广告法》还重申对发布虚假广告情节严重、构成犯罪的，要依法追究刑事责任；并规定因违法广告行为被吊销营业执照的公司、企业的法定代表人，对违法行为负有个人责任的，自该公司、企业被吊销营业执照之日起三年内不得担任公司、企业的董事、监事、高级管理人员。

九、强化广告监管的职权和责任

新《广告法》在明确工商部门主管、有关部门在各自职责范围内管理的广告管理体制的同时，赋予工商部门现场检查、询问调查、限期举证、查阅资料、查封扣押、暂停发布等调查处理广告违法行为的职权。新《广告法》还强化了广告管理部门的责任，明确了工商部门对在履行广告监测中发现的违法广告行为或者对经投诉、举报的违法广告行为，不依法予以查处的，对负有责任的主管人员和直接责任人员依法给予处分；工商部门和有关部门应当自收到投诉之日起七个工作日内，予以处理并告知投诉、举报人；工商部门和有关部门不依法履职的，接到举报的上级机关或监察机关应依法作出处理，并将处理结果及时告知举报人；新闻出版广电以及其他有关部门对于工商部门通报的媒体单位违法广告处罚案件，应当依法对负有责任的主管人员和直接责任人员给予处分。

十、新增广告行业组织职责和公益广告规定的内容

新《广告法》确立了行业组织的法律地位，明确了行业自律的职责，即依照法律、法规和章程的规定，制定行业规范，加强行业自律，促进行业发展，引导会员依法从事广告活动，推动广告行业诚信建设。新《广告法》将公益广告规定的内容在“附则”中加以明确，表明了国家“鼓励、支持开展公益广告宣传活动”的态度，设定了大众传播媒介尤其是广播电台、电视台、报刊出版单位依规发布公益广告的义务，同时授权国务院工商行政管理部门会同有关部门通过制定公益广告管理办法，推动和规范公益广告活动。

实务指南

不允许使用的极限用语

新《广告法》只是明确不能使用“国家级”“最高级”“最佳”等用语，但这其中的“等”并没有做明确的解释。换句话说，这个说明具有很大的解释范围。极限用语包括但不限于商品列表页、标题、副标题、主图以及详情页、包装等。触犯新《广告法》底线，单独的罚款方面，20 万起步，最高 100 万，以下极限用语在使用宣传上也被禁止。

最、最佳、最具、最爱、最赚、最优、最优秀、最好、最大、最大程度、最高、最高级、最高档、最奢侈、最低、最低级、最低价、最底、最便宜、最流行、最受欢迎、最时尚、最聚拢、最符合、最舒适、最先、最先进、最先进科学、最先进加工工艺、最先享受、最后、最后一波、最新、最新科技、最新科学。

第一、中国第一、全网第一、销量第一、排名第一、唯一、第一品牌、

NO.1、TOP.1、独一无二、全国第一、一流、仅此一次(一款)、最后一波、全国×大品牌之一。

国家级(相关单位颁发的除外)、国家级产品、全球级、宇宙级、世界级、顶级(顶尖/尖端)、顶级工艺、顶级享受、极品、极佳(绝佳/绝对)、终极、极致。

首个、首选、独家、独家配方、全国首发、首款、全国销量冠军、国家级产品、国家(国家免检)、填补国内空白。

王牌、领袖品牌、世界领先、领导者、缔造者、创领品牌、领先上市、至尊、巅峰、领袖、之王、王者、冠军。

史无前例、前无古人、永久、万能、祖传、特效、无敌、纯天然、100%。

什么是垄断行为，需要承担什么责任

垄断是指经营者为了在市场上占有一定的经济地位，通过行使违反竞争法规定的行为来达到目的的一种方式。我国《反垄断法》第三条规定，垄断行为一般指三种经济垄断：一是经营者达成垄断协议，二是经营者滥用市场支配地位，三是具有或者可能具有排除、限制竞争效果的经营者集中。

一、经营者垄断的豁免情形

如果经营者能够证明所达成的协议具有法定正当性，这些协议则不受《反垄断法》禁止。所谓法定正当性，是指符合法律规定的豁免情形。我国《反垄断法》第十五条规定："经营者能够证明所达成的协议属于下列情形之一的，不适用本法第十三条、第十四条的规定：

（一）为改进技术、研究开发新产品的。

（二）为提高产品质量、降低成本、增进效率，统一产品规格、标准或者实行专业化分工的。

（三）为提高中小经营者经营效率，增强中小经营者竞争力的。

（四）为实现节约能源、保护环境、救灾救助等社会公共利益的。

（五）因经济不景气，为缓解销售量严重下降或者生产明显过剩的。

（六）为保障对外贸易和对外经济合作中的正当利益的。

（七）法律和国务院规定的其他情形。

属于前款第一项至第五项情形，不适用本法第十三条、第十四条规定的，经营者还应当证明所达成的协议不会严重限制相关市场的竞争，并且能够使消费者分享由此产生的利益。”

二、经营者垄断的法律责任

（1）经营者达成并实施垄断协议的，由反垄断执法机构责令停止违法行为，没收违法所得，并处上一年度销售额 1% 以上 10% 以下的罚款；尚未实施所达成的垄断协议的，可以处 50 万元以下的罚款。

（2）行业协会组织本行业的经营者达成垄断协议的，反垄断执法机构可以处五十万元以下的罚款；情节严重的，社会团体登记管理机关可以依法撤销登记。

（3）经营者滥用市场支配地位的，由反垄断执法机构责令停止违法行为，没收违法所得，并处上一年度销售额 1% 以上 10% 以下的罚款。

（4）经营者实施集中的，由国务院反垄断执法机构责令停止实施集中、限期处分股份或者资产、限期转让营业以及采取其他必要措施恢复到集中前的状态，可以处 50 万元以下的罚款。

（5）经营者实施垄断行为，给他人造成损失的，依法承担民事责任。行政机关和法律、法规授权的具有管理公共事务职能的组织滥用行政权力，实施排除、限制竞争行为的，由上级机关责令改正；对直接负责的主管人员和其他直接责任人员依法给予处分。

实务指南

《知识产权法》与《反垄断法》的对立与统一

世界范围内公认的是，《知识产权法》与《反垄断法》有促进创新、增进消费者福利的共同目标，只是两者的手段截然不同。隶属于私法范畴的《知识产权法》的逻辑是赋予权利主体在合理期限内对其智力成果享有的专有权，以提供创新激励，其制度原理相当于给天才之火添加利益之油。与之相对，《反垄断法》从公法视角通过预防和规制垄断行为，保护公平竞争秩序，来促进市场主体的创新，扮演了灭火器的角色，防止火大伤人。《反垄断法》尊重知识产权权利人正当的权利行使，仅在滥用知识产权排除、限制竞争时介入。

知识产权是指人类智力劳动产生的劳动成果的所有权。它是依照各国法律赋予符合条件的著作者、发明者或成果拥有者在一定期限内享有的独占权利，一般认为它包括著作权和工业产权。《知识产权法》保护刺激了创新成果商业转化，鼓励了权利人创新积极性，提高了科技进步，促进了经济社会的发展。而《反垄断法》是一部为了预防和制止垄断行为，创造公平竞争市场环境，提高经济运行效率，维护消费者利益和社会公共利益，在充分竞争环境下使社会资源配置达到最优化而制定的法律。

不做“僵尸”企业：
企业破产操作实务

企业破产的条件是什么，谁可以申请破产

符合破产条件是破产程序启动的前提，是判断破产申请能否被法院受理以及能否作出破产清算、重整、和解等裁定的法律依据。我国《企业破产法》第二条规定："企业法人不能清偿到期债务，并且资产不足以清偿全部债务或者明显缺乏清偿能力的，依照本法规定清理债务。企业法人有前款规定情形，或者有明显丧失清偿能力可能的，可以依照本法规定进行重整。"

一、公司不能清偿到期债务

什么是"公司不能清偿到期债务"呢？按照《最高人民法院关于适用〈中华人民共和国企业破产法〉若干问题的规定（一）》（法释〔2011〕22号）的规定，下列情形同时存在的，应当认定债务人不能清偿到期债务。一是债权债务关系依法成立，二是债务履行期限已经届满，三是债务人未完全清偿债务。公司的债务清偿能力一般是由其财产、信用、产品市场前景等因素综合构成的，只有在用尽所有手段仍不能清偿债务时，才真正构成清偿能力的缺乏。虽然公司在经营过程中，会由于特殊情况导致资金周转困难，但是这种暂时的财务困难会随着公司的正常运营而逐渐化解，因此，不能清偿到期债务仅仅是认定公司已经构成破产的条件之一，但不是唯一条件，构成破产还需要满足其他法定条件。

二、公司资产不足以清偿全部债务或者明显缺乏清偿能力

通常而言，若公司的资产负债表或者审计报告、资产评估报告等显示其全部财产不足以偿付全部负债，则可以认定债务人的资产不足以清偿全部债务。但是，当债权人申请公司破产时，如果公司可以提出反证以证明其资产能够偿付全部负债，则破产程序同样不能启动。尽管公司账面资产大于负债，但存在下列情形之一的，便可以认定其“明显缺乏清偿能力”，此时也可以进入破产程序：一是因资金严重不足或者财产不能变现等原因，无法清偿债务；二是法定代表人下落不明且无其他人员负责管理财产，无法清偿债务；三是经人民法院强制执行，无法清偿债务；四是长期亏损且经营扭亏困难，无法清偿债务。如果公司实际上已经丧失清偿能力，即使其资产负债表上的资产可能还略大于负债，也可以启动破产程序清理债务，不一定要等其继续亏损到资不抵债时再宣告破产，因为这时申请破产对债权人和公司都更有利。

三、谁是破产申请人

《企业破产法》第七条规定：“债务人有本法第二条规定的情形，可以向人民法院提出重整、和解或者破产清算申请。债务人不能清偿到期债务，债权人可以向人民法院提出对债务人进行重整或者破产清算的申请。企业法人已解散但未清算或者未清算完毕，资产不足以清偿债务的，依法负有清算责任的人应当向人民法院申请破产清算。”根据上述规定，破产申请人可以是不能清偿到期债务的债务人，也可以是债权人以及发现资不抵债的清算人。

债权申报那些事儿

一、能够申报的债权

（1）人民法院受理破产申请时对债务人享有债权的债权人。

（2）附条件、附期限的债权和诉讼、仲裁未决的债权，债权人可以申报。

（3）连带债权。连带债权人可以由其中一人代表全体连带债权人申报债权，也可以共同申报债权。

（4）连带债务。债务人的保证人或者其他连带债务人已经代替债务人清偿债务的，以其对债务人的求偿权申报债权；债务人的保证人或者其他连带债务人尚未代替债务人清偿债务的，以其对债务人的将来求偿权申报债权。但是，债权人已经向管理人申报全部债权的除外。

（5）多个连带债务人进入破产程序的，债权人有权在多个程序中分别申报全部债权。

（6）合同解除。管理人或债务人解除合同的，对方当事人以因合同解除所产生的损害赔偿请求权申报债权。

（7）委托合同。债务人是委托合同的委托人，进入破产程序但受托人不知该事实，继续处理委托事务的，由此产生的请求权受托人有权申报债权。

（8）票据关系。债务人是票据的出票人，进入破产程序，该票据的付款人继续付款或者承兑的，付款人以由此产生的请求权申报债权。

除外情况：债务人所欠职工的工资和医疗、伤残补助、抚恤费用，所欠的应当划入职工个人账户的基本养老保险、基本医疗保险费用，以及法律、行政法规规定应当支付给职工的补偿金，不必申报，由管理人调查后列出清单并予以公示；未到期的债权，在破产申请受理时视为到期；附利息的债权自破产申请受理时起停止计息。

二、债权申报流程

《企业破产法》第四十五条规定："人民法院受理破产申请后，应当确定债权人申报债权的期限。债权申报期限自人民法院发布受理破产申请公告之日起计算，最短不得少于三十日，最长不得超过三个月。债权人应当在人民法院确定的债权申报期限内向管理人申报债权。在人民法院确定的债权申报期限内，债权人未申报债权的，可以在破产财产最后分配前补充申报；但是，此前已进行的分配，不再对其补充分配。为审查和确认补充申报债权的费用，由补充申报人承担。"

债权人未依照《企业破产法》规定申报债权的，不得依照《企业破产法》规定的程序行使权利。

（1）债权人向管理人出示有效的身份证明（包括居民身份证和企业法人营业执照）和债权证明，债权人本人不能到场的，应出示本人签字的授权委托书、受托人身份证明；授权律师代为办理的，应当出示律师执业证，律师事务所所函；债权人是未成年人的，应当出示户口簿；债权人与受托人是夫妻关系的，应当出示结婚证件。

（2）债权人领取管理人制作的债权申报须知、债权申报文件清单、债权申报表、债权计算清单并据实填写。

（3）债权人或受托人向管理人提交债权人身份证明复印件、授权委托书原件、受托人身份证明复印件、债权申报须知原件、债权申报表原件、债权计算清单原件、证据复印件（合同、借据、银行流水或收据、法院的生效文书等），以上材料提交复印件的应当携带原件用以核对，债权人应当在其提交的复印件上签章。

（4）管理人收取债权人提交的债权申报材料并向其出具签收证明。

（5）管理人对收取的债权申报材料应当及时与审核清单进行核对并登记造册，载明申报人名称、申报时间、申报金额。

（6）管理人制定债权审查原则，进行债权审查。

（7）管理人根据债权审查结果，编制债权清册，债权清册应当列明债权人名称、申报金额、审核认定金额，供债权人查阅。

三、管理人需要制作的文书

（一）债权申报须知

债权申报须知应包含五部分内容，分别为：债权申报的范围，债权申报的期限说明，债权申报的条件及材料要求，对债权人可能的违法违规行为进行风险提示、债权申报人知悉上述内容的签字确认栏。

（二）债权申报文件清单

债权申报文件清单一式两份，其中列明债权人提交的全部材料名称、份数、页数。其中一份作为债权人申报材料的目录清单，由债权人签字后交管理人，连同全部申报材料建档保存；另一份作为管理人已收取债权人申报材料的证明，由管理人签章后交债权人保存。

（三）债权申报表

债权申报表包括债权人信息、债权详情、债权事实与理由三部分。具体如下。

（1）债权人信息应列明债权人名称（姓名）、手机号码、邮箱、送达地址（企业法人应列明法定代表人及上述信息，有授权委托的，应列明受托人上述信息）、银行账号及开户行信息。

（2）债权详情包括债权总金额、债权本金、利息、利息计算截止日、违约金；经过诉讼程序的还应包括案件受理费、公告费、迟延履行金等，以及是否走仲裁、调解、诉讼程序，有无进入执行程序。

根据《企业破产法》规定，债权申报应列明债权有无担保、担保金额和担保形式，有无连带债务人、保证人。

（3）债权事实与理由部分应包括债权发生的原因及时间，对债权的真实性、合法性进行解释说明。

（四）债权计算清单

《企业破产法》第四十六条规定："未到期的债权，在破产申请受理时视为到期。附利息的自破产申请受理时起停止计息。"债权计算清单中，债权人应当写明债权本金、利息、违约金的数额及详细计算过程，为了管理人在审核债权时核对方便，可以附计算清单。

（五）债权登记表

债权人提交材料的，管理人应当在债权登记表上记载债权人名称（姓名）、联系电话、申报日期、申报金额，并由债权人签字确认。

债权登记表一方面方便管理人随时查阅债权人的申报情况和联系方式，及时保持与债权人联系；另一方面确保债权人无重复申报或遗漏申报，由签字的债权人对其自身的申报行为负责。

（六）债权确认书

管理人根据债权审查原则计算债权后，应当向债权人出具债权确认书，债权确认书应当包含的内容有：债权审查原则、债权人名称（姓名）、债权申报金额、债权事实与理由、合同主要条款、利率适用依据、本金金额及计算过程、利息金额的计算周期和计算过程、违约金金额及计算周期、计算过程，确认债权总额。

（七）债权表（债权清册）

债权表的内容应当包含债权人名称（姓名）、债权性质（优先债权、普通债权、职工债权等）、债权申报金额、债权审核确认金额，供债权人会议核查。债务人、债权人对债权表记载的债权无异议的，由人民法院裁定确认；债务人、债权人对债权表记载的债权有异议的，可以向受理破产申请的人民法院提起诉讼。

实务指南

债权申报文件清单

<table>
<tr><td colspan="5">债权人：</td></tr>
<tr><td colspan="2">申报文件目录</td><td>份数</td><td>页数</td><td>原件</td></tr>
<tr><td>1</td><td></td><td></td><td></td><td></td></tr>
<tr><td>2</td><td></td><td></td><td></td><td></td></tr>
<tr><td>3</td><td></td><td></td><td></td><td></td></tr>
<tr><td colspan="5">申报人声明：申报人所提交的申报文件与原件一致，不存在虚构、变造、伪造等情形，否则愿意承担由此产生的法律责任。
管理人声明：管理人签收申报债权文件并不代表对申报材料真实性、合法性、关联性及所申报债权的确认。
注：债权申报文件清单一式两份，申报人、管理人各执一份。

申报人（签字）：　　管理人（签字）：

申报时间：　　签收时间：</td></tr>
</table>

债权申报表（机构债权人填报）

<table>
<tr><td>债权人名称</td><td colspan="4"></td></tr>
<tr><td>组织机构代码</td><td colspan="4"></td></tr>
<tr><td>法定代表人（负责人）</td><td colspan="2"></td><td>手机</td><td></td></tr>
<tr><td>法定代表人（负责人）
身份证号</td><td colspan="4"></td></tr>
<tr><td>委托代理人</td><td colspan="2"></td><td>手机</td><td></td></tr>
<tr><td>委托代理人身份证号</td><td colspan="4"></td></tr>
<tr><td>通讯地址</td><td colspan="3"></td><td>邮编</td><td></td></tr>
<tr><td rowspan="3">债权金额
（单位：元）</td><td>本金</td><td></td><td>利息</td><td></td></tr>
<tr><td>其他</td><td colspan="3"></td></tr>
<tr><td>合计</td><td colspan="3"></td></tr>
<tr><td>是否经诉讼或仲裁</td><td></td><td>案号</td><td colspan="2"></td></tr>
<tr><td>是否有连带债务人</td><td></td><td colspan="2">连带债务人名称</td><td></td></tr>
<tr><td>有无担保及特定担保物
名称</td><td></td><td colspan="2">最后一笔债权发生的
时间</td><td></td></tr>
<tr><td>债权发生的基本事实</td><td colspan="4">（例：什么时间，双方因什么原因，产生债权多少元。）</td></tr>
</table>

（续表）

<table>
<tr><td>利息及违约金计算说明
（均计算至　年　月　日）</td><td>详细的计算方式及依据
（例：　年　月　日至　年　月　日，
本金　元 × 利率　%=　元）</td></tr>
<tr><td>其他说明事项</td><td></td></tr>
<tr><td colspan="2">债权人（公章）：

法定代表人（签字）：

年　月　日</td></tr>
</table>

债权申报表（自然人债权人填报）

<table>
<tr><td>债权人名称</td><td colspan="2"></td><td>手机</td><td colspan="2"></td></tr>
<tr><td>身份证号</td><td colspan="5"></td></tr>
<tr><td>委托代理人</td><td colspan="2"></td><td>手机</td><td colspan="2"></td></tr>
<tr><td>委托代理人身份证号</td><td colspan="5"></td></tr>
<tr><td>通讯地址</td><td colspan="3"></td><td>邮编</td><td></td></tr>
<tr><td rowspan="3">债权金额
（单位：元）</td><td>本金</td><td colspan="2"></td><td>利息</td><td></td></tr>
<tr><td>其他</td><td colspan="4"></td></tr>
<tr><td>合计</td><td colspan="4"></td></tr>
<tr><td>是否经诉讼或仲裁</td><td></td><td>案号</td><td colspan="3"></td></tr>
<tr><td>是否有连带债务人</td><td></td><td colspan="2">连带债务人名称</td><td colspan="2"></td></tr>
<tr><td>有无担保及特定担保物名称</td><td></td><td colspan="2">最后一笔债权发生的时间</td><td colspan="2"></td></tr>
<tr><td>债权发生的基本事实</td><td colspan="5">（例：什么时间，双方因什么原因，产生债权多少元。）</td></tr>
</table>

（续表）

利息及违约金计算说明 （均计算至　年　月　日）	详细的计算方式及依据 （例：　年　月　日至　年　月　日， 本金　元 × 利率　%=　元）
其他说明事项	
债权人签字（按红色手印）： 年　月　日	

债权人地址及联系方式确认书

<table>
<tr><td>告知</td><td colspan="4">债权人提供的送达地址必须真实、有效，某某人民法院（以下简称法院）或某某公司管理人（以下简称管理人）向债权人发出的所有文书、通知等资料（含电子文档资料）均按此地址送达。如因债权人提供的地址不详或有错误或地址变更后未及时通知法院、管理人等原因，造成债权人未能收到法院、管理人送达的文书、通知等资料的，后果由债权人自行承担。</td></tr>
<tr><td rowspan="5">债权人提供的送达地址</td><td>名称（姓名）</td><td colspan="3"></td></tr>
<tr><td>收件地址</td><td colspan="3"></td></tr>
<tr><td>联系人</td><td colspan="3"></td></tr>
<tr><td>邮编</td><td></td><td>电子邮箱</td><td></td></tr>
<tr><td>固定电话</td><td></td><td>手机</td><td></td></tr>
<tr><td>债权人声明</td><td colspan="4">我（单位）已知悉上述告知内容并承诺所提供的送达地址真实有效。法院、管理人按上述送达地址向我（单位）送达的材料视为合法送达。

债权人签字并盖章：
年　月　日</td></tr>
<tr><td>备注</td><td colspan="4"></td></tr>
</table>

法定代表人身份证明

在我单位担任 职务，是我单位的法定代表人。

法定代表人住址：

手机： 固定电话：

特此证明。

单位名称：

（盖章）

年 月 日

附：法定代表人身份证

授权委托书

某某有限公司管理人：

关于某某公司破产清算一案，依照法律规定，特委托下列受托人为我方代理人：

委托人姓名或名称：

联系地址及电话：

受托人姓名：　　　　　　联系电话：

工作单位及职务：

联系地址：

受托人姓名：　　　　　　联系电话：

工作单位及职务：

联系地址：

上述受托人代理权限：

上述受托人代理期限：自委托之日起至

委托人：

法定代表人：

日期：

注：代理权限可参考：（1）申报债权；（2）提出债权异议申请；（3）确认债权；（4）参加债权人会议；（5）代表表决相关事项；（6）接收相关文书或通知等。

什么是破产重整，对企业有什么好处

破产重整是指对已经具备破产原因但又有维持价值和再生希望的企业，经由债权人或者债务人的申请，在法院的主持和利害关系人的参与下，进行业务上的重组和债务调整，以帮助债务人摆脱财务困境、恢复营业能力的法律制度。重整是使困境企业起死回生的过程。

一、破产重整对债务人有什么好处

破产重整一旦被法院裁定受理，债务人企业就可以获得继续经营的机会，利息计算暂停、管理人接管财产前诉讼和执行程序中止，相关保全措施解除，企业暂时免除各债权人的诉讼和要求。

二、破产重整中债权人的权利

现行《企业破产法》第五十九条规定："依法申报债权的债权人为债权人会议的成员，有权参加债权人会议，享有表决权。债权尚未确定的债权人，除人民法院能够为其行使表决权而临时确定债权额的外，不得行使表决权。对债务人的特定财产享有担保权的债权人，未放弃优先受偿权利的，对于本法第六十一条第一款第七项、第十项规定的事项不享有表决权。债权人可以委托代理人出席债权人会议，行使表决权。代理人出席债权人会议，应当向人民法院或者债权人会议主席提交债权人的授权委托书。债权人会议应当有债务人的职工和工会的代表参加，对有关事项发表意见。”

《企业破产法》第六十一条规定：“债权人会议作为债权人行使权利的会议主要具有以下职权：（一）核查债权；（二）申请人民法院更换管理人，审查管理人的费用和报酬；（三）监督管理人；（四）选任和更换债权人委员会成员；（五）决定继续或者停止债务人的营业；（六）通过重整计划；（七）通过和解协议；（八）通过债务人财产的管理方案；（九）通过破产财产的变价方案；（十）通过破产财产的分配方案；（十一）人民法院认为应当由债权人会议行使的其他职权。债权人会议可以决定设立债权人委员会，债权人委员会主要行使监督职权和提议召开债权人会议，并有权要求管理人、债务人的有关人员对其职权范围内的事务作出说明或者提供有关文件。”

三、债权人如何行使《企业破产法》赋予的权利

（1）作为债权人，首先应当去破产企业的管理人处申报债权，从而在债权人会议中取得表决权，债权申报期限自人民法院发布受理破产申请公告之日起计算，最短不得少于三十日，最长不得超过三个月。债权人应该及时向法院申报债权，以维护自身权益。

（2）债权人获得表决权后，应当积极行使表决权，通过行使表决权对管理人的经营进行监督和控制，同时也能对管理人的活动了解得更全面，如不能亲自参加，可以通过委托他人的方式行使表决权，从而最大限度地维护自身的利益。

作为债权人，要最大程度维护自身的债权利益，应当及时申报债权，积极行使表决权，关注债务人的经营状况，及时保护自身的合法权益。

实务指南

重整草案的设计

重整计划草案内容具体包括但不限于债务人的经营方案、债权分类、债权调整方案、债权受偿方案、重整计划的执行期限、重整计划执行的监督期限、有利于债务人重整的其他方案。

1. 债务人的经营方案

具体包括经营管理方案、资金筹措和使用方案、裁员减薪方案、盈利模式、资产和业务重组方案等。具体可采取的措施也有多种，如转让部分股权或资产，资产重组或债务重组、调整出资人权益，调整业务范围，重新制订生产经营计划，改变企业组织结构，变更管理层、企业合并或分离、引进外来投资、裁员、借款等。

2. 进行债权分类

在司法实务中，管理人会设立综合组、职工组、债权债务组，对债权进行区分。注意，有些进入诉讼或仲裁程序的债权，在制订重整计划草案时，该诉讼或仲裁可能尚未作出最终裁决，对该部分债权是否需要进行清偿暂时还不能确定。

因此在制订重整计划草案时须将该部分尚未确定的债权列入考虑范围；除《企业破产法》中规定的对债务人的特定财产享有担保权的债权；债务人所欠职工的工资和医疗、伤残补助、抚恤费用，所欠的应当划入职工个人账户的基本养老保险、基本医疗保险费用，以及法律、行政法规规定应当支付给职工的补偿金；债务人所欠税款；普通债权之外，破产费用和共益债务的处理由综合组负责。破产费用是指破产程序开始以后，为破产程序的顺利进行以及破产财产的管理、估价、变卖和分配等行为而产生的各项费用。此外，在人民法院裁定破产申请的此前债务人尚未支付的公司强制清算费用、未终结的执行程序中产生的评估费、公告费和保管费等执行费用，也纳入破产费用。

共益债务包括因管理人或债务人请求对方当事人履行双方均未履行完毕的合同所发生的债务，债务人财产受无因管理所产生的债务，因债务人不当得利所产生的债务，为债务人继续营业而应支付的劳动报酬和社会保险费用，以及由此产生的其他债务，管理人或相关人员执行职务致人损害所产生的债务，债务人财产致人损害所产生的债务；制订每类债权的具体调整计划（常用的调整方式包括延期偿付、减免本金清偿额，减免利息，变更清偿条件，债权转股权等）。

3. 债权清偿方案

调整后债权清偿的具体细则，包括清偿时限、清偿条件等应明确。

债权清偿方案必须要保证同一类债权的清偿比例和条件一致，保证公平清偿，不得个别清偿。

4. 重整计划的执行监督方案

重整计划草案经人民法院批准后由债务人负责执行，管理人负责对债务人执行重整计划的情况进行监督。司法实践中，重整方案的实施过程需要管理人团队的参与，少则跟踪两至三年，更有甚者跟踪六至八年，为了使重整企业起死回生，法院和债务人、管理人都付出了大量的人力和精力。

公司破产清算的流程是什么

一、进入破产清算程序

严重亏损，无力清偿到期债务的公司，由其债权人或债务人向公司所在地法院提交破产申请；人民法院依法裁定并宣告企业破产，企业由此正式进入破产程序。

二、指定破产管理人

企业进入破产程序后，由人民法院指定管理人，实践中管理人成员由律师、会计师等人员组成。

三、对破产企业全面接管

根据《企业破产法》第二十五条规定："管理人履行下列职责：（一）接管债务人的财产、印章和账簿、文书等资料；（二）调查债务人财产状况，制作财产状况报告；（三）决定债务人的内部管理事务；（四）决定债务人的日常开支和其他必要开支；（五）在第一次债权人会议召开之前，决定继续或者停止债务人的营业；（六）管理和处分债务人的财产；（七）代表债务人参加诉讼、仲裁或者其他法律程序；（八）提议召开债权人会议；（九）人民法院认为管理人应当履行的其他职责。 本法对管理人的职责另有规定的，适用其规定。"管理人接受指定并进驻破产企业后，便在债权人和法院的监督下正式接管破产企业。

另外，在重整期间，经债务人申请，人民法院批准，债务人可以在管理人的监督下自行管理财产和营业事务。有前款规定情形的，依照本法规定已接管债务人财产和营业事务的管理人应当向债务人移交财产和营业事务，本法规定的管理人的职权由债务人行使。

四、对破产企业进行审计、资产进行评估

一般管理人或清算组会通过公开选聘的方式选择会计师事务所、评估公司对破产企业的财务情况进行审计，资产进行评估。对破产企业财务管理情况，破产企业财务凭证及账册保存情况，是否有不合理支出等问题进行调查，并出具审计报告和资产评估报告。

五、破产财产的清算

破产企业财产的清算，主要是指管理人对破产企业的财产进行权属界定、范围界定、分类界定和登记造册的活动。为便于对破产企业的财产进行评估和分配。

六、制定破产财产分配方案

由清算组提出破产财产分配方案；破产财产分配方案经债权人会议讨论通过后，报请法院裁定后执行；管理人在破产财产分配方案经法院确认后制作财产分配表；管理人执行分配方案，并通知债权人限期领取财产，逾期未领取的可以提存。

七、提交破产清算报告

破产企业注销后会制作一份破产清算报告，提交债权人和法院。破产清算报

告的内容一般包括：破产企业基本情况、财产清算与评估情况、清收回款情况、负债情况、清偿比例等内容。

八、注销原破产企业登记

提请法院终结破产程序，清算组正式撤销，破产企业的破产清算程序正式终止。

实务操作

清算组与破产管理人的区别

破产管理人，是指破产案件中，在法院的监督和指导下，在全体债权人的监督下，全面接管破产财产并负责对其进行保管、清理、审计、估价、变现和分配的专门团队。国有企业破产，一般由政府清算组接管，该清算组一般由人民法院、财政、审计、工商、税务、银行、主管单位等部门抽调人员组成。清算组仅仅关注破产清算的程序；破产管理人不仅关注破产清算功能，还关注破产重整与和解等程序功能，在处理与债权人的关系上、合同的履行上更专业。

破产财产的变价和分配顺序

一、破产财产的范围

破产财产包括破产申请受理时属于拟破产公司的全部财产，以及破产申请受理后至破产程序终结前公司取得的财产。法院受理破产申请前一年内，涉及公司财产的下列行为，管理人有权请求人民法院予以撤销。

（1）无偿转让财产的。

（2）以明显不合理的价格进行交易的。

（3）对没有财产担保的债务提供财产担保的。

（4）对未到期的债务提前清偿的。

（5）放弃债权的。

法院受理破产申请前六个月内，债务人达到破产要求但仍对个别债权人进行清偿的，管理人同样有权请求法院予以撤销。

二、破产财产的变价

管理人应当及时拟订破产财产变价方案，提交债权人会议讨论。除非债权人会议另有决议，否则变价出售破产财产应当通过拍卖进行。

三、破产财产的分配

管理人将破产财产变价后应当及时拟订破产财产分配方案，提交债权人会议讨论。债权人会议通过破产财产分配方案后，由管理人将该方案提请人民法院裁定认可，最后由管理人执行。管理人在对破产财产清偿时，应当按照如下顺序进行：破产费用和共益债务；破产人所欠职工的工资和医疗、伤残补助、抚恤费用，所欠的基本养老保险、基本医疗保险费用及经济补偿金；破产人欠缴的除前项规定以外的社会保险费用和破产人所欠税款；普通破产债权，破产财产不足以清偿同一顺序的清偿要求的，按照比例分配。

四、破产程序的终结

破产人无财产可供分配或者分配完结后，管理人应当请求法院裁定终结破产程序。法院应当自收到管理人终结破产程序的请求之日起十五日内作出是否终结破产程序的裁定，若裁定终结的，应当予以公告。

管理人应当在法院裁定终结破产程序后，向破产人的原登记机关办理公司的注销登记手续。

实务指南

债权人对破产财产分配方案的配合义务

《企业破产法》第一百一十五条规定："债权人会议通过破产财产分配方案后，由管理人将该方案提请人民法院裁定认可。"《企业破产法》第一百一十六条规定："破产财产分配方案经人民法院裁定认可后，由管理人执行。"现实操作中，对可能存在的破产财产权利负担，债权人在未看到具体清偿方案时，不可能在破产财产拍卖前完全得到解除，其破产财产分配方案在执行时，就可能需要债权人的配合。管理人为了破产财产分配方案的现实可操作性，往往会在破产财产分配方案内容制定时，为债权的分配设置一定的前置条件，给债权人设定一些义务。这就造成破产财产分配方案经债权人会议通过，并得到人民法院司法认可后，其执行不仅涉及管理人的执行义务，而且还有债权人的配合义务。

企业注销流程变化大

一、须办理注销登记的三种情形

（1）纳税人发生解散、破产、撤销以及其他情形，依法终止纳税义务的，应当在向工商行政管理机关或者其他机关办理注销登记前，持有关证件向原税务登记机关申报办理注销税务登记；按照规定不需要在工商行政管理机关或者其他机关办理注册登记的，应当自有关机关批准或者宣告终止之日起十五日内，持有关证件向原税务登记机关申报办理注销税务登记。

（2）纳税人因住所、经营地点变动，涉及改变税务登记机关的，应当在向工商行政管理机关或者其他机关申请办理变更或者注销登记前或者住所、经营地点变动前，向原税务登记机关申报办理注销税务登记，并在三十日内向迁达地税务机关申报办理税务登记。

（3）纳税人被工商行政管理机关吊销营业执照或者被其他机关予以撤销登记的，应当自营业执照被吊销或者被撤销登记之日起十五日内，向原税务登记机关申报办理注销税务登记。

二、办理注销登记前须办结事项

纳税人在办理注销税务登记前，应当向税务机关结清应纳税款、滞纳金、罚款，缴销发票、税务登记证件和其他税务证件。

提醒：已实行“三证合一、一照一码”登记模式的企业办理注销登记，须先向税务主管机关申报清税，填写《清税申报表》，由税务机关进行清税并出具《清税证明》。

三、《清税证明》免办的两种情形

对向市场监管部门申请简易注销的纳税人，符合下列情形之一的，可免予到税务机关办理清税证明，直接向市场监管部门申请办理注销登记即可。

（1）未办理过涉税事宜的。

（2）办理过涉税事宜但未领用发票、无欠税（滞纳金）及罚款的。